まわりに左右されない
シンプルな考え方

機嫌のデザイン

秋田道夫

ダイヤモンド社

プロローグ

いつも他人と比べてしまう。
このままでいいのか、と焦る。
いつまでたっても自信が持てない。

仕事や人生に悩んでしまった時、
どう考えればいいのでしょうか。

何事につけ「期待するな」です。
世間にも家族にも友人にも
さらには自分にも。

秋田道夫《あきたみちお》、六九歳。
プロダクトデザイナー。

大手メーカーでオーディオ機器などの製品デザインを手がける。
その後、フリーランスとして独立。
誰もが街中でみかけるLED式薄型信号機や、
交通系ICカードのチャージ機、
虎ノ門ヒルズのセキュリティーゲートなどの公共機器をデザインする。

それだけではなく、コーヒーメーカー、一本用ワインセラー、
文房具、土鍋、ベビーソープ、カバンなど
幅広く日常生活にまつわる製品のデザインに関わる。

二〇二〇年には世界で一番受賞が難しいとされる
German Design Award の
Gold（最優秀賞）を獲得。
現役のデザイナーとして今も活躍しています。

「言葉」を大切にしているという秋田氏は
二十年以上、自らの文章をブログに綴ってきました。
そして、二〇二一年の三月からは
Twitterで「自分の思ったことや感じたこと」の発信をはじめます。

デザインは一晩寝かした方が良い。
それより大事な事はデザイナーがちゃんと寝たほうが良い。

どんどん本を読んで色々なものを観てください。
そしてどんどん忘れてください。
それでも残っているのがあなたの知識です。

これらのツイートが多くの人々の心を捉え、拡散されると、わずか二日間で七万人以上が秋田氏をフォローしました。現在のフォロワー数は十万人を超えています。

秋田氏の「シンプルで本質をとらえた言葉」に触れることで日々抱いている悩みや焦り、気負いが消えていき心がフッと軽くなると感じている人が、数多くいるのです。

そんな秋田氏が繰り返し語っているのは、
「機嫌よくいること」の大切さです。

どうすれば、自分の機嫌を自分でとることができるのか。

別に前向きではありません。
ただ機嫌がいいだけです。

そう語る秋田氏に質問し、会話をするなかで、
「機嫌よく日々とつき合う」ためのヒントが
いくつも浮かび上がってきました。

本書では、秋田氏との会話文形式により
Twitterでは語られてこなかった
「まわりに左右されないシンプルな考え方」を紹介していきます。

はじめに

『機嫌のデザイン』。ありそうでないタイトルです。この本を出すきっかけはTwitterにあります。

ある日のツイートでこんなことを書きました。「別に前向きではありません。ただ機嫌がいいだけです」と。わたし自身「機嫌がいい」というのは子どもの頃からそうなので、まったくなんの意識もないのですが、あるトークショーに来てくださった方がSNSで「秋田さんは今日も機嫌がよかった。機嫌がいいというのはデザインという仕事においても重要なことだと感じた」といってくださったのを見て、自身も「機嫌がいいというのはどうも価値があることのようだ」と意識するようになりました。

そしてその日から「機嫌」「機嫌よく」がTwitterの大事な「骨子」になったのです。

わたしのツイートを読まれた出版社の方たちの見解が、「秋田道夫は日常を楽しんでいる感じがして、そう感じる理由がどうも機嫌のよさにあるようだ」ということで一致したようで、自ずとタイトルに「機嫌」と、そしてわたしの仕事である「デザイン」を入れたいということで決まったタイトルです。

この本を読んだからといって明日から仕事がうまくいくとか、成功するとは思いませんが、日常生活で必要な機微についての感受性や、自分と周囲の関係性に潤いを感じられるようになるかもしれません。なによりあまり過剰な期待はしないで読んでいただければ幸いです。

二〇二三年三月

プロダクトデザイナー

秋田道夫

機嫌のデザイン 目次
contents

1章 機嫌をデザインする

2章 人間関係をデザインする

誰に対しても素直に接する

3章 仕事をデザインする

知識よりも人を知ることのほうが大切です

機嫌のデザイン 目次
contents

4章

感性をデザインする

自分にとって心地よいものを選ぶ

機嫌のデザイン 目次
contents

聞き手 宮本恵理子

1章

機嫌をデザインする

機嫌をよく保つには、まわりに期待をしない

機嫌をよく保つには、
まわりに期待をしない。
景色としての自分を
美しく保つ。

自分でも気に入っているツイートを一つ、紹介してもいいですか。

――お願いします。

「出かける時にはユーモアと機嫌のよさをポケットに」です。

――「機嫌のよさ」を持ち歩くって、素敵な考え方ですね。軽やかさもあって。

機嫌よくあろうと心がける意味は、自分を「景色」として考えた時に「綺麗な景色」でありたいと願うからなのです。

わたしの姿はまわりから見た時に「景色」の一部ですよね。

世界が美しくあってほしいのならば、その景色の一部である自分からまず整える。

わたしが機嫌にこだわるのは、そんな理由からです。

――単に自分が気持ちいいからとか、まわりからいい人と思われたいからではないのですね。

そんなに都合よくはいかないですよね。

池に鉄の斧を落としたら金銀の斧が返ってくるなんて幻想です。何も起こりません。**機嫌をよく保つということは、つまり、「期待をしない」に相通じるのです。**

――景色としての自分を整える。そう考えると、人とのコミュニケーションの仕方も少し違ってくるのでしょうか。

たとえば、初対面の人に対する挨拶は、相手との適切な「間合い」を測るための手段です。

こちらから「おはようございます」と挨拶をしてみて、気持ちよい挨拶が返ってくるのか、まったく無言で何も返ってこないのか。この違いによって、どのくらいの距離を保つべきなのかの目安がつかめます。すると、余計な擦れがなくなる。

「摩擦を生まない」というのは、機嫌を保つうえで大切です。

――挨拶は形式的な礼儀やマナーなのではなく、「間合い」を測るための技術という考え方、ハッとします。

イルカやコウモリは超音波を出して仲間との距離を測るといいますが、それと同じような感覚ですね。

超音波を自分から出して、相手から返ってこなかったとしても、だからといってどうこうするわけでもありません。

心地よい超音波が返ってきた人と、交流が生まれる可能性は高くなりますが、それにこだわるということでもありません。

「景色としての自分」を美しく保つ気持ちに立てば、ずいぶんとゆとりが生まれるものです。

人は環境に左右される。
負の影響は我慢せず、
自ら離れる。

――機嫌よく仕事や生活を維持するために、心がけていることはありますか。

そうですね。自分の「居心地」に対して敏感になり、居心地のよい状態を保つ努力を惜しまないことでしょうか。

――詳しく教えていただけますか。

ちょっと嫌だな、疲れるなと感じたら、そこから離れます。それは場所に対してもそうですし、人に対しても同じです。

たとえば、電車に乗った瞬間、同じ車両の中にいかにもイライラしている人がいると感じたら、移動して車両を移ります。

友人とカフェに入ってコーヒーを注文した後でも、空調の位置が悪くて落ち着かなかったら、遠慮なく席を替えてもらったり、場合によっては店を変えたりします。

――無理に適応しようとせずに、自ら離れるという方法を取るのですね。

差し障りがなければ我慢はしません。「自分が先にそこにいたから」と妙にこだわる人もいますが、わたしは負の影響を受け続けるほうが余程耐えられないのです。**傾向として、どうも気持ちに余裕のない人がそばにいるとダメですね。**忙《せわ》しない人が近くにいると、わたしまで気忙《きぜわ》しくなってしまって、頭の中でその人の日常生活を思うようになって財布を置き忘れたりしたことがあります。

わたしに限らず人は環境に影響を受ける生き物ですから、周囲に対して敏感であることは非常に大事なことだと思っています。

モチベーションはあてにならない。
それは天気のようなものです。
天気のよし悪しに左右されていては
「仕事」にならない。

小心な自分でも
構わない。
小心でも
結果が出る方法を考える。

――日常で心がけていることがあったら教えてください。

よく自転車に乗りますが、自転車についているベルをほとんど鳴らしません。

――チリンチリンと鳴るベルですか。

そう、あの「わたしが通るからどいてちょうだい」と鳴らすベルです。**ぶつかりそうな人や対向車がいたとしたら、自分からよければいい話で。**相手を動かすための働きかけはしません。そんなことをされた側が愉快なわけはありません。

――人と摩擦を招くような働きかけはしないということですね。

そんな些細なことにも気を使うのは、わたし自身が小心で怖がりだからです。

自分が小さい人間だと知っているから、できるだけ人と揉める原因となることを排除しているのだと思います。

その一方で、こと仕事になるとそんなに怖がりでもないから面白いですね。

——日常と仕事でどう違うのでしょうか。

ある有名なラグビーの選手が、「運転免許があるけれど街中ではどこから車や人が出てくるか分からず車が運転できないので、人にお願いしている」と聞いたことがあります。

その気持ちがすごく分かるわけです。

仕事は「相互に条件を理解している」ので大胆にもなれますが、日常では誰がどんな気持ちでいるか分からないので怖いんです。

――たしかに公道はいつ事故が起きてもおかしくないですね。

怖いのが当たり前だと思いますが、怖がりの程度ですね。

――非常に高度な振る舞いが求められそうです。

わたしがいつもできているかは分かりませんが、総じて「負けて勝つ」という結果にはなっていると思います。

今年七十歳になりますけれども、おかげさまで現役で面白い仕事をいただいています。

どこまで押してどこで引くのが適度なのかというバランスの見極め方も、経験によって精度が上がっていくものなんです。

なんだかこの歳になって、「人生の辻褄が合ってきた」気がしているんです。わたしは本当に幸せ者ですね。

前からよそ見をしながらこちらに歩いてくる人がいたら
「ちゃんと前を見ている人」が相手を避けることになります。
理不尽ですがそういうものです。

親切の極みは、
その親切を
相手に悟られないこと。

――ある日の秋田さんのTwitterに「気を使う人は損をする。気が利く人は得をする。」という投稿がありました。この意味を詳しく教えてください。

自分を消耗してしまうか、ちゃんと保てるかの違いです。

「気を使う」というのは、人からどう見られているかを気にして神経をすり減らすイメージがあります。

それに対し、**「気が利く」というのは先回りして相手を喜ばせる**ニュアンスがありますね。なんといいますか、自分から仕掛けて親切を楽しんでいる雰囲気を感じます。

「気を使う」は相手の顔色をうかがいながら、びくびくしてことをなすので、結果として、余計なことまでしてしまうリスクもあるんですね。まさに親切が仇《あだ》になるわけです。

「気が利く」の行動は先回りです。相手が気づく前にもう親切が完了しているんです。

「喉が渇いたな」と感じる前にすっと飲み水が出てくる。ドアの前に立ったらドアが勝手に開くような配慮です。

気を使うのは「手動ドア」で、気が利くというのは「自動ドア」みたいなものかもしれませんね。

手動ドアを開け閉めするのはちょっと疲れますよね。

――なぜ疲れるのに「ドアを開け閉め」するのでしょうか。

もちろん最初は損得ではなくて、素直に親切な気持ちからでしょう。

自分のために手でドアを開けてくれる人は、もちろん相手からも親切な人に映ります。そんな人はあまりいませんしね。

でも難しいのは、これが何度も続くとかえって相手に負担感を与えてしまうことです。そのことに気がついていないわけです。

「なんだかいつも気を使わせて悪いなぁ」と、わたしだったら思います。

気を使う人に対して、相手は気が重くなる。

相互に「残念なお話」ですね。

当人はよいことをしたのに相手はちょっと迷惑とすら思うのは。

さらにはドアを開けてくれないと「今日は開けてくれないなあ」なんて甘えも生まれたりして。気を使う人は、自分も相手も気が重くなる。

それよりは、「あれ、○○さんと一緒にいると、いつもスムーズにドアが次々と開くな。まるで魔法みたい」と感じてもらえるほうがいいですね。

ようは**「気が利く」というのは行為そのものが自然に組み込まれていて、あたかも最初からそうだったかのように感じさせることで、相手に負担を感じさせない配慮です。**

ドアにたとえてお話ししましたが、仕事で発生するあらゆるやりとりにいえることだと思います。

愛用すれども
愛着せず。
大切なことは
人の気持ちです。

――特定の人や組織、ブランドに執着せず、適度な距離感を保っている。秋田さんにはそんな雰囲気があります。

そうですね。場所もそうです。東京のいろんな場所に行っても、大阪に行っても、名古屋に行っても、新潟に行っても、どこに行っても楽しめます。

逆にいえば特定の場所に特別な意味があるわけではなく、その時々で出会う人との関係性でその都度に成立する楽しさだと思います。

よくいうんですよ。**「愛用すれども、愛着せず」**と。

――「愛着」は一見、よいことのように思えますが。

たしかに愛《め》でることはよいことかもしれません。しかしそこには「愛着＝執着」という図式があって相手に見返りを求めたり、依存へとつながったりしますよね。「これでないとダメ」と執着するのは、あまり健やかではありません。

人やものもずっとあるわけでもないし時には壊れもします。そんな「覚悟」を前提で付き合わなくちゃと思っていますので。

——なるほど。なにごとも永続するものではないという前提に立つと、愛着はむしろ危険ですね。

そういうことです。ようするに、相手に期待し過ぎない。

愛着が過ぎると、ほとんどの場合は失望を生みます。大事なのは、自分自身を保つことです。特定のものへの愛着が行き過ぎて、ものが生きている人の生き方を左右してはいけないと思っています。

期待をしない。
特別を望まない。
無理に充実させない。

すでに飽きられているものに
新しさが
隠れています。

――秋田さんが七〇年代や八〇年代に手がけたオーディオなどの作品をあらためて拝見してみると、今見ても新鮮でスタイリッシュに映ります。飽きのこないデザインの秘密を知りたいです。

ありがとうございます。そう感じてもらえることはとても嬉しいです。

「飽きのこないデザインをするにはどうしたら」という質問にはいつも「すでに飽きられているものを使えばいい」と答えるんです。

――すでに飽きられているものが新しい？

昔からずっと使われているものは、つまり飽きられていないということ。ですから、これからも古びることはないですね。

わたしなりの言葉の遊びですが、真実だと思っています。奇抜なデザインは変化に耐えられない。大事なことは使い勝手であり、形そのもので勝負しないほうがいいですよという意味があります。

——納得しました。ロングライフなデザインに共通するものはなんだと思いますか？

穏やかなことでしょうか。ずっと使っていても疲れないし見飽きない。加えてちょっとした豊かさでしょうか。

インスタントに刺激を与えるような装飾や、過剰に存在を主張する機能はないけれど、街の風景と人の生活に自然となじみ、誰も気づいていなかったような不便をスッと解消していく。

人知れず、さりげなく、役に立つような穏やかさ。そんなデザインをわたしは目指したいと思ってきました。

言葉も同じですよね。今、世の中に飛び交う言葉の多くは、あまりにもタイムリー過ぎるように感じます。短期的瞬発的反応の応酬で、みんな疲れてはいないでしょうか。

今日でも明日でも十年後でも、受け取ることができるような言葉だけをそっと置く。横文字は控えめにして、昔からみなが馴染んで来た言葉を選べば理解もしやすいし、相手との関係性も穏やかになるのではないかと思います。さすがにロングライフを「長続き」と訳してしまうと味気ないですが。

デザインも文章も、「組み立て」であり「工夫」であり「余白」が大事だろうと思っています。別に目新しいことがなくても創意工夫で「新しさ」は出ると思っています。「穏やかだけれど油断はならない」。そんな緊張感も必要です。

「道が狭い時には
手には荷物を
持たないほうがいい」です。

――長く仕事を続けるうえでは適度なリフレッシュも必要だと思います。仕事と遊びのバランスについてはどのように考えてきましたか。

わたしに関していうと、大して派手な遊びはしてこなかったです。

わたしよりも上の世代が若かった頃は遊び方が尋常ではなかったと伺いました。金曜の深夜まで仕事をして、そのまま車を走らせてスキーに行って月曜の朝に帰ってくるとかね。よく事故が起きなかったなあと思います。

実はわたしはあまり「リフレッシュ」というものを必要としていないんですね。なぜなら、ばりばり徹夜残業する人たちを横目に見ながら、わたしは定時で帰ったり、遅くとも二十一時半には退社していたり、徹夜という経験が会社員時代と独立してからとで数えるほどしかありません。休日出勤もしないし、疲れていないから「休もう」という気持ちがないんですね。

――ずいぶん健全に聞こえます。

こういうお話は今ではふつうに受け止められるかもしれませんが、当時は（今もかもしれませんが）「デザイナーは体力勝負」という風潮のなかで「お先に失礼します」と席を立つのは「大胆なデザインをする以上に大胆な行動」だったように思います。健全というか単に怖がりだから、無茶な遊びに飛び込めなかっただけです。わたしは根本的に怖がりなんです。たとえばディズニーランドに行ってもジェットコースターがダメなので乗れるものは限定的だし、とても「残念な人」です。やんちゃができないタイプです。

——まわりに合わせて頑張り過ぎない。

よく表現していただくと、そうですね。
あらためて考えれば、無茶をしたダメージは歳を重ねると確実に身体にきますね。
長く続けるためには、結構な怖がりであるくらいがちょうどいいのかもしれません。

――調子が悪い時にはどう対処されていたのでしょうか。

その質問は、若い頃に後輩のデザイナーから聞かれたことがありました。たしか「調子のよし悪しとは関係なく、普段通りに絵を一枚まず描くようにしています」と答えたと思います。

――絵というのはデッサンやスケッチですね。

そうですね。とにかく、いつもと同じように一枚描いてみる。描いているうちに調子が戻ると思います。

実際のところわたし自身は「調子のよし悪し」を感じたことがないんです。もちろん風邪気味で「今日はだるいな」と感じたとしても「デザインのスイッチ」が入ると関係がなくなってしまいます。

というかまわりを見渡しても、調子の変動がなく、いつも淡々としている人が長く生き残っているような気がします。

——変動の幅を抑えるためのコツはありますか。

自分のテンションを上げ過ぎず、平常を保つ意識を持つということでしょうか。たとえば、ホテルのバイキングに出かけて、いつも以上にお皿に料理を取る人がいますが、わたしはそれほど多くは取りません。

盛り付けの美しさを重視しているのもありますが、「せっかく食べ放題なのだから」とスイッチを入れて食べ過ぎることはナンセンスだと思うのです。

比較的コストパフォーマンスのいいローストビーフなんかを選びながら、本当に食べたいものだけを適量だけ。**自分で自分をコントロールできる範囲を維持するという感覚を忘れないようにしています。**

心配したからといって不安は無くなりません。
まずは寝ましょう。

大人になっても
無邪気なままで。
「自分らしい顔」に近づく
調整をする。

最近、事務所を引っ越しました。本を整理していて出てきた、十五年前に台湾で講演をした時に撮影された写真がここにあります。

もちろん今よりは若くてキレキレな顔をしていますが、そこに笑顔はありません。たしかに仕事はできそうに見えるかもしれないけれど、あまりいい感じはしないと自分で感じました。それに比べるとニコニコとした、それこそ「機嫌のよい」今のほうがいい顔をしているかもしれないなと、ちょっと嬉しくなりました。

――たしかに比べてみると、より柔らかい表情になっていらっしゃいます。

たぶん当時は「機嫌のよし悪しに価値がある」ことに気がついていなかったと思います。今はなんといいますか、「ズレて」いない。自分できちんとコントロールできている感覚があります。

もちろん、写真を撮られる被写体である以上は撮影者との関係も大いに影響しますが、「ポートレートとセルフイメージの一致」は自己表現において大事だと思っています。

わたしが初めての相手と仕事をご一緒する時にも、ホームページでポートレートと仕事の実績を見比べて、「仕事の内容とお顔つきの雰囲気が一致しているかどうか」を確認することが多いですね。

――Twitterのプロフィール画像をキャップを被ったカジュアルなファッションに変えられたこともありましたよね。この変更にはどんな意図が？

これも「ズレの微調整」です。

今の自分、もっといえば、「こう見られたい自分」により近い写真に変更したんです。その時その時のベストなフィット感を大事にしたいと思っています。

あと、ポートレートのスタンダードは「笑顔」に変わってきているのではないでしょうか。プロ野球の選手名鑑も、昔は真顔の写真がずらりと並んでいましたが、今はほとんど全員が笑顔です。メジャーリーグの影響は大きいかもしれませんね。

――秋田さんが考える「いい顔」ってどんな顔ですか？

子どもの場合は、大人になった時の顔が想像できない顔がいいですね。逆に大人の場合は、子どもの時の顔が想像できる顔がいい。

ようするに、**子どもの時は無邪気で、大人になっても無邪気なままでいられる人**が好きです。

――無邪気というのがキーワードですね。そして秋田さんも「無邪気な大人」の一人ではないでしょうか。

無邪気といっても、邪気を隠しているだけで、邪気だらけですよ。こういう積み木みたいな言葉遊びができるのも、大人の無邪気さですよね。

自分を柔らかく、
気持ちをリッチに。
人生のデザインは、
濃い目の鉛筆でサラッと描く。

――人生を豊かに楽しんでいる大人の存在は、若い人たちにとって希望になりますね。その一人に秋田さんも数えられるように思えます。

正直にいうと、今のわたしはかなり幸せです。
人生を豊かに楽しむためには、まずは健康が第一ですし、ある程度のお金も必要だとは思いますが、それよりも大事なのは気持ちの豊かさですね。

気持ちの豊かさを保てるかどうかが、人生の満足度を決めると思います。

――気持ちが豊かな状態って、どんな状態ですか。

そうですね。イメージとしては、ふわっとした柔らかい感じでしょうか。
あたたかくて、ラクに呼吸をしやすい感じです。
自分を柔らかく保つためには、あまり決め込み過ぎないことでしょうね。

大方の人は実は生活が豊かなのではないかと思うんです。

でも常に「向上心」という名のプレッシャーがあって、今の満足に浸っていてはいけないような気持ちが働いている感じがします。

誰のために「向上するのか」。それを考えると誰もそれを要求していないわけで、一旦冷静になって今の状態の「豊かさ」を確認する作業は必要かなと思います。

判断の基準は「心が穏やか」でいられるかです。

「情緒の気圧配置」

本の副題が「まわりに左右されないシンプルな考え方」とあるのですが、わたしは正直ブレブレだし、まわりの影響もバンバン受けてきたわけなので、ある時間だけを切り取ったらこの副題にはふさわしくない人でもあります。

しかし、「なんだか知らないけれど毎日機嫌がよくてニコニコしている」ということに関しては、どの時期で切り取ってもらっても金太郎飴のように同じ「断面」だとは思います。それはもう天性としかいいようがありません。

大事なことは安定した情緒であり続けるということかなと思います。

正直「常にぶ然とした人」でもかまわないと思います。いつも不機嫌なら近づかなければいいし、適当にあしらえばいい。

「誰にでも不機嫌」というのはある意味平等で助かったりもします。

本当に困るのは「お天気屋」の人です。昨日会った時にはやたら機嫌がよくて愛想もよかったのに、そういう「気持ち」でもって今日会ったら、「あれっ」と思うぐらい接し方に愛想が無かったりする人です。情緒が変わりやすいから「お天気屋」さんであるわけです。

「あらかじめいっておいてよ」と。「情緒予想」があれば傘も持って出ますが。だってあんなに晴れていたのに急に嵐が来るなんて、知る由もありません。

無理して「晴れ晴れ」している必要はありません。曇り空で十分です。

晴れたり雨が降ったりするのは楽しいですが、相手からすれば曇っているぐらいのほうが助かったりもするのです。

「セレンディピティ」

「セレンディピティ」。なんだか舌を噛みそうな言葉ですが、これは「偶然によいことに巡り合うこと」を意味していて、転じて「偶然力」といった表現がされます。これは造語で、語源となった「セレンディップ」は今のスリランカのことを指します。

わたしは結構その偶然力のおかげで、これまで思いもよらない展開を経験しました。信号機の仕事との出会いもそうだし、セキュリティーゲートの仕事もそうだし、さらにそれらの仕事から新しい仕事につながっていった「偶然の出会い」がなければ、今の自分はいないと思います。まあこうやってみなさんに読んでいただいているこの本自体が偶然の巡り合わせで出たようなものです。

どうしたらそんなことが起きるのかを専門的に語る資格はありませんが、いえることは誰かれなく愛想よく接して挨拶をして「おく」という予備段階と、誰の言葉も素直に受け止めて「おく」という手筈が必要だということです。

たぶん「偶然の巡り合わせ」というのは、誰の上にも吹く風のようなもので、別段誰かに特別強く吹いているとは思えません。

しかし「風を感じる感性と体勢」を整えておかないと風向きの変化は感じられません。イソップ童話の「北風と太陽」ではないですが、寒いからといってフードをかぶっていてはせっかくの風向きの変化も感じられないのです。

つまり「聞きたくない」「触れてほしくない」と思っていると、よいことも触れに来てくれません。

よいことは恥ずかしがり屋で、よくないことの後ろに隠れているかもしれません。

ようは「全部引き受けていたら、たまによいことも巡ってくる」という、なんとも「当たり前」の結論になってしまいました。

2章

人間関係をデザインする

誰に対しても素直に接する

好かれたいけれど、
無理はしない。
お互いに
疲れない関係を築く。

――相手にとって押し付けがましくなく、けれどきちんと届く言葉の使い方を身につけたいと願う人は多いと思います。秋田さんの作法を教えていただきたいです。

イメージとしては、**「言葉を〝七〇cmの高さ〟に置く」**という感じです。

投げつけるのではなく、そっと置く。相手が受け取りたかったら、すっと受け取れるような。そんなイメージで言葉を発したいと思っています。

――「七〇cm」の意味は？

七〇cmは、腰に近い高さで、大人であれば誰にとっても手を伸ばしやすい高さなんです。低過ぎず、高過ぎず、スッと手を伸ばしてものを取れる高さ。家具やインテリアの設計をする際に、基準としてよく使われる高さでもあります。

つまり、「余計な負荷をかけない」という意味です。相手にとっても、自分にとっても。

――なるほど。「七〇㎝」はプロダクトデザイナーならではの表現だったのですね。相互に無理が無いという点が大事なのだと感じました。

そうですよね。わたしはいつも人に好かれたいと思って行動していますよ。でも、無理はしません。無理をしないから、疲れない。**好かれたいけれど疲れない。これがポイントだと思います。**

――愛されようと一生懸命になりすぎて、気づけばぐったり。そうはならない。

はい。スーパー銭湯に行かなくても大丈夫。癒しを必要としていないので。人とのコミュニケーションを考える時には、自分が疲れないように見直してみるのがいいのかもしれませんね。

人好きになる必要もありません。
合わないものは合わないものです。
話の合う人と貴重な日々を楽しく過ごしてください。

愛されるために、
媚びなくていい。
自分を変えずに
人と付き合う。

わたしは夏目漱石が好きなんです。小説家というよりは一人の人物像として。漱石は子どもの頃からとんでもなく優秀だったにもかかわらず、残された文章からは本人の優秀さに関することを感じさせる文章がまったくないんですね。謙虚という次元をはるかに超えている感じです。

そして、そんな漱石の人柄を慕う教え子や後輩がたくさんいるのもいいのですが、漱石自身からは尊敬する先輩や先人の話があまり出てこなくて、話の中核がほとんど後輩とのエピソードで埋まっているのがなんだか不思議でもあります。漱石自身が「上の人との関係性」はどうもあまり得意ではなかったのかもしれません。

わたしもあまり先輩についていくタイプではなく、後輩と仲良くするというところに、おそれ多くも漱石と似たものを感じます。

——たしかに、Twitter上のやりとりを見ても、秋田さんは若い人に丁寧に接している印象があります。

わたしはふつうの人以上に敬意や畏敬を抱いてしまい、先輩の人に気を使うところがあるので、たぶんお互いに疲れてしまうんですね。

それよりは**後輩や自分より若い人たちに向けてフレンドリーでいるほうが、自分が相手の役に立てるような気がします。**

――ご自身が力になれそうな相手と親しくしたいということですね。

そうですね。その一方で、相手にとって絶体的な存在にはならないように気をつけています。無理をせず、抜けているところや残念なところも隠すことなく見せています。

時には「なんだ。」とガッカリさせるぐらいがちょうどいい関係性ですね。別にウケを狙う必要もありません。

――愛されるために、自分をつくり込まないという意味だと理解しました。

はい。愛されるためだけに、自分を変える気はないです。

もっといえば、**「誰から」愛されたいかという対象を限定して考えることもしません。**

偉い人に愛されたいとも思いませんし、そもそも「偉い人」の定義も曖昧です。

誰と会う時にも油断をしない。これがわたしの基本スタンスです。

どこかに偉い人が
潜んでいる。
誰に対しても
「さん」付けで話す。

――「誰と会う時にも油断をしない」。その意味を教えてください。

出会う人すべての「背景」は計り知れないという意味です。

肩書きや所属といった分かりやすいラベルでもって、「この人は偉い」「この人はそうでもない」などと決めつけるのは非常にリスキーです。

「憧れられる職業に就いている人よりも、人がやりたがらない仕事をしている人の中に本当に偉い人が隠れている」と、昔から思っているのです。

どこに偉い人がいるかは分からない。だから、油断は禁物です。

――具体的にはどんな行動になりますか？

たとえば、わたしは誰に対しても「さん」付けで呼ぶと決めています。

上や下、内や外、そういう区別なく等しく「さん」付けです。

——つい、「どっちが上か」などと推し測ってしまいますね。

区分けによってなんとかして優位な自分を構築しようとしますよね。でも、結局は自分の意が届かない人によって自分は評価されてしまうのですから、それも無駄なんです。

デザインも同じで、どんなに説明文を添えたとしても、それでどこまで意図が伝わるかの保証はないわけです。

語りで伝えるのには限界がある。だから、「語らないもの」が語る力を持たなければいけない。

デザインってつまりそういう力なんです。製品を語るものに変える力。人格を宿すような力です。

もう一つ、わたしがいつも心に留めていることがあります。

「口で勝たない。目で負けない」。

——どういう意味でしょうか。

デザイナーは理屈で論破してもしょうがない。それにいい負かされた相手はずっと根に持つでしょう。長い目で見て得策とは思えません。それで優位に立ったところで虚しいだけです。

負けてはいけないのは「目」、つまり知識と見識眼ですね。

「見識は口論に勝る」ですね。

陰で言われる悪口は
「褒め言葉」。
気になる存在に
なり得た証拠。

——機嫌のいい日常を保つうえで障壁になるものの一つに、「他人からのやっかみや嫉妬」があると思います。若くして評価された人ほど、さらされるものかもしれません。秋田さんもそれを感じた時期があったのではないでしょうか。

それは「しょうがないこと」ですね。人がどう感じるかはコントロールできません。逆にわたしも同じように若くして登場した人には「それなりの感情」が出ますし。ちょっとした「捉え方の発明」をしたんですね。「陰で言われる悪口は、褒め言葉だ」。どうでもいい存在なら話題にも上らないし〝気になる存在〟になり得たということでしょう。**集団でいる時の発言がそのままその人の「本心」ではありません。**場の受けを狙って意識的に「悪く」言ったほうがその場が盛り上がるのは世の常です。

——たしかに。そう考えると、プラスに転じることができそうです。

批判批評されているうちが華です。話題に上らないのは寂しいですね。

――食事や宴会の席は楽しまれるほうですか。

わたしはサービス精神が強いので、そういった席でははりきって笑える話を提供したりしてみんなも楽しいかと思います。

しかし「大事な話」はそういう場ではできませんし、そんな興が醒《さ》めるようなことはできませんから、最近では基本的に、人とは二人で会うようにしています。真面目な話をしたいですから。そんな気心の知れた人との食事はとても楽しいし次への活力にもつながります。

ただ、そんな親しい人と会っても長居はしません。六時に会って八時には帰ったりして「時短」が過ぎるというか。時計を見てまだこんなに早かったと自分でもびっくりすることが結構あります。たぶん短くても話の内容が充実しているんだと思います。それに**相手もわたしも「もう少し話をしたかったな」と思うぐらいのほうが、付き合いが長く続くと思います。**

足らないと感じる気持ちが次につながる。

正直と素直は
違います。
思ったまま言ってよい
とは限りません。

最近、よく思うんです。わたしはみなさんにとって「ズレた相談相手」としてちょうどいいのだろうなと。

――「ズレた相談相手」とは？

さっきの「珍しい存在」と通じるのですが、あまり昔は「相談相手」としては不適格というか「相談してもスパスパっと結論をいわれて終わってしまう」と相手に思われていたんだと思います。しかし長く続けてきたブログやTwitterを通してちょっとは「話し相手になる」と思ってくださるように変化したのかもしれません。

「ズレている」というのは別のいい方をすれば「意図的にズラせる」ということであり「問題の見方をいろいろ変化できる」という可変性なのかもしれません。

人の悩みは個人的な悩みに見えて、その実は一般的によくある悩みだったりします。しかし「この悩みは特殊であってほしい」という願望もあったりします。とても感じやすいんですね。そういう意味では「みんなも同様に悩んでいる」という答えでは納得はしないわけで、**いかに相手の特殊性を損なうことなく「一般的な解決法」を伝えられるかが大切なポイントだと思います。**ほんと繊細さが大事です。

――お話ししやすい人柄やウィットを忘れない言葉の返しのセンスも大いに関係しているはずです。会話において気をつけていることはありますか。

そういってもらって調子に乗るわけにもいかないし、「方法論」を話すことも好きではありませんし、どうすればよいかを話すのは難しいですね。

ただ気をつけているのは、新しい視点を一つプレゼントすることでしょうか。

今はよくも悪くも、誰でも何に対しても瞬時にコメントができる時代ですが、だからこそ安易にコメントはしないほうがいいですね。

引用リツイートでは「よいコメント」しかしません。何かいいたければ引用というかたちで相手の庭で勝手に走り回らないで、自分の庭で転んだり走ったりするべきですね。

言葉を吟味したうえで発するセンスが、問われているように思います。

——「言葉を吟味して発するセンスが問われる」というお話について、もう少し詳しく聞かせてください。秋田さんはどんな点を心がけているのでしょうか。

まず、「捨てゼリフはいわない」こと。

相手との関係性が切れてしまってもいいと割り切るような言葉は使わないようにしています。

ちょっとシニカルな表現で遊ぶユーモアを交えながら、自分の考えを伝える。そんな洒落《しゃれ》たスタンスが好きです。

——「論破」というスタイルについては、どう感じていますか。

論破してしまうことで「相手と後につながるのかな」と思うと寂しいですね。

ただし、いろいろな他者と対話をするためのアプローチとして、このスタイルを発見した人を批判しているわけではありません。逆にいえば今は「予定調和」というかあらかじめ結論をつくっておいてそこに向かって譲歩する会話が主流なので、その反動として世間がバランスを求めた結果生まれたのかと思います。

そのスタイルを発見し、発明した勇気はすごいことです。まさに「嫌われる勇気」の体現者ですね。

多分、問題はオリジンを生み出した人を盾にしてその後ろで悪用する人たちです。デザインもそうです。オリジンを生み出した人は悪くない。

初めにそれを披露した人は、そこにいたるまで相当に考えたり、工夫をしたりしているはずですから、敬意を持つべきだとわたしは思っています。

――オリジンは尊重するというのは、デザイナーならではの姿勢ですね。

クリスマスツリーにたとえるなら、**「ヒイラギの尖った葉に罪はない」**わけで、そこにぶら下がろうとする飾りのセンスが問われるわけです。

ヒイラギはただ自然の摂理にしたがってあのフォルムになっただけで、葉が尖っていても罪はないです。その葉にどんな飾りがついても、ヒイラギ自身には関係ないですね。それに飾り付けが素敵であれば、ヒイラギもクリスマスが嬉しいでしょう。

言葉選びには
優しさが必要。
言葉選びにも
「ゆとり」を。

――相手の言動が気になった時には、どのように伝えていますか。「捨てゼリフはいわない」のほかにも心がけがあれば教えてください。

まず、相手にとって長く止《とど》まる痛みにならない言葉選びは必要ですよね。**「それはちょっとよろしくないですね」ということを知覚してほしいけれど、それ以上の痛みは与えない。**なんというか、座禅の時にパツンと肩を弾く、あんな感じです。経験がないので実際には結構痛いのかもしれませんが。

――あくまで、気づかせて、背筋を伸ばしてもらう程度の刺激だということですね。

そうです。本当に切っちゃうのは絶対にだめです。

でも、案外、本当に切ろうとしてしまう人は多いかもしれませんね。急所を外して深く切るのが一番残酷です。

これでは関係性が断絶しますし、何より相手にとって救いがありません。

自分の殺傷能力を試してどうするのといいたいです。単に自己顕示欲の発散になってしまってはいけないと思います。

昔、わたしのブログを読んだ人から、「アキタさんの言葉はきついけれど、愛を感じられます」というお便りをいただいたことがあるんですが、本当はきついだけだったかもしれないと「褒められたことでかえって反省した」ことがあります。

よくも悪くもわたしの言葉は「記憶しやすい」ので慎重にならざるを得ません。

――分かる気がします。叱られるよりかえって効果的なことがありますね。

優しさを保つのは簡単ではないですね。簡単になくせてしまいます。

自分自身にゆとりがないと他人に優しくはなれない。つまり、何事も、「自分がどうあるか」から始まるということです。人を育てる場面でも、相手を躾《しつ》けたり従わせたりしようなんて思わない。**躾をするとしたら自分自身ですよね。**

作法

○結論から話す。

○平易な言葉で話す書く。

○極力カタカナ語は使わない。

○適切な音量で話す。

○適切な距離感を保つ。

○音を立てない。

○笑顔。

○手伝う。

○用件が済んだら速やかに立ち去る。

○余計な詮索をしない。

○相手の立場を思いやる。

服装は出会った相手への
プレゼント。
気に入ったものを買うには
手間を惜しまない。

――歳を重ねてもオシャレな大人って素敵ですよね。秋田さんもファッションを楽しんでいる大人の一人ですね。

ありがとうございます。こじゃれているように気をつけています。

若い頃からおしゃれは好きですが、高校生の頃から大体「アメリカンカジュアル」略して「アメカジ」ですね。

そういえば、大学を卒業する頃に同級生の一人が「社会人になったらその格好ではいられない」と至極真っ当な話をしました。普通だったら聞き流しそうな話なんですが妙にひっかかったんですね。それで記憶に残っています。「そうかな。じゃあ変わるか変わらないか、自分を実験台にしてみよう」と思ったんです。

結局、会社に入って一年ぐらいは就活用に買ったスーツを着て会社に行っていましたが、元来デザイン室というのは服装がカジュアルな部署なので、すぐに学生時代と似たり寄ったりの服装になり、今にいたっています。

結論からいえば「体型が変わらなければ同じような格好を続けられる」ということ

でしょうか。とはいえ七十歳まで同じ格好で行けるとは思いもしませんでした。

――若い頃から今と同じような服装でいらっしゃるのですね。

ただ「よく見かける服装」に見えて実は結構こだわりがあって、トレーナーはチャンピオン社の初期のモデルのレプリカだったり、色もグレーではなくて、「オートミール」といわれるカラーだったりします。ジーンズもリーバイスの「501」の一九六六年モデル。で、スニーカーはニューバランスの「993」というモデルだったりします。でも分からない人には「ありがちなアメカジ」というところがいいかなと思っています。

さらに買うところはわざわざ原宿にある本店で買ったりしています。本店で見つからなかったら、他でも手に入らないと諦めがつきますし、そこが東京に住んでいる醍《だい》醐《ご》味《み》かもしれません。

おしゃれに関してはどこまでも探究心が発動します。あまり気合いが入り過ぎて「やんちゃ気」が表に出るのもみっともないと思いますが。

大事なのはさりげなさですね。

――そもそもですが、秋田さんがファッションにこだわる理由、教えてください。

自分で自分は確認できないですよね。鏡を見てもそれが本当に自分なのか分かりません。じゃあどうやって自分を確認するかといえば**「他の人と会った時」に自分が何なのかが分かると思っています。**

「服装は出会った人へのプレゼント」だといっているのですが、それはおしゃれな人と会うと「自分もおしゃれな人に感じる」し、「おしゃれな人とお話をしている自分が誇らしく思える」作用があるからではないかと思っています。

――なるほど。

服というのは自分がどういう人であるかの視覚的メッセージがあります。さりとて派手である必要はまったく無くて、シンプルな服装をしていてもメッセージはあると思います。**つまり、服は公共的なコミュニケーションになり得ると思います。**

――自分の服装が公共に向けたものであるという意味でしょうか。

そうです。服は着ている自分には見えず、まわりの人には見えるもの。景色ですね。景色としての自分。

友人が面白い表現をしたことがあります。

「人は服やクルマにはお金をかけるけれど、生活家電や生活雑貨にはお金をかけようとしない。なぜなら家の中のものは人に自慢できないから」と。

なるほどと思いました。たしかに、どんなにいい冷蔵庫や高機能の洗濯機を買ってもわざわざ表に出して自慢するのは難しいですね。

とはいえ世の中が変わってＳＮＳ、とくにInstagramの「インスタ映え」という言葉を借りれば、家の中にある冷蔵庫も洗濯機も大いに「人に見せて自慢できる」時代ですから、お金のかけどころが「分散」してきたかもしれないですね。

――ようは他人から見られるものに、人はお金をかけるということですね。

ちょっと話がそれましたが、おしゃれも「常に」とか「いつも」というのが大事かなと思っています。つまりよそ行きと普段着のギャップを減らすことです。

わたしはひょっとすると、最近では家や事務所にいる時の服装のほうが「よそ行き」よりもいいものを着ているかもしれないぐらいに逆転しています。

自分から進んでした
物事の失敗からは
学ぶことが
できます。

――秋田さんの買い物の仕方について、もう少し詳しく聞いてもいいでしょうか。

一緒に行った人が驚くぐらいに決断は早いです。お店に入ってものの五分でそこにあるものをパッと買ったりします。

しかしこれはその「時」だけを取り出したら即断即決に見えますが、その実は前もって色々なお店やネットで情報を見て候補を絞っているんですね。

そして「その時」が来るのを虎視眈々と待っているわけです。

それで、偶然にお目当てのものが見つかった場合に「ものの五分で結構な値段のものも買ってしまう」という見た目の現象になるんですね。

もっというと、わたしは**お店の人と親しくなるために買い物をしているような感覚もあります。**

――お買い物の目的が、「仲良くなるため」?

極端にいうとそうなのでしょうね。

お店は「人に共通の心情を知り、サービスとは何かを学ぶ場」かなと思っています。教えてもらうには「ただ」ではいけないので、ちょっとした買い物をして「お客さんにもなり得る人」としての信号を出すことが必要ですね。

逆に信頼関係を築くためには結構な金額を払う必要があるかもしれないという気持ちでいます。

――興味深いですね。普通は、店員のほうがお客さんに取り入ろうとする関係性なのだと思っていましたが、秋田さんの場合はむしろ逆に考えている。

はい、わたしのほうから「サービスしています」。まあ、一方的にしてもらう側ではなく**「仕掛ける側の意識」でいたほうがなんでも面白いですね。**

――持ち物といえば、秋田さんが最近買ったというキーホルダーもかわいいですね。たしかアニメ「トイ・ストーリー」のキャラクターの。

メルカリで買いました。

――メルカリですか。インターネットやアプリで利用できる個人売買サービスですね。秋田さんの世代では、メルカリを使ったことがない方が多数派かもしれません。気持ちと行動がお若いですね。

きっと、失敗したいんだと思います。

――「失敗したい」？

ちょっと素敵ないい方になってしまいましたが、本当です。あえて失敗したいんです。

失敗すると、話題にできるではないですか。友人との会話や、講演会でみなさんを和ませるネタになります。

つまり、「安いものを買って積極的に自分から失敗の経験を買いに行く」わけです。

「物事損をしないと得にいたらない」と常々思っています。

この順序が大切ですね。

得をしようとして失敗するのは当たり前です。

まず損を引き受けて「新しい買い物」に挑戦する。そうすると意外な道が見えてきたりします。

うまくいかないのが当たり前。

「優しさについて」

わたしって人の話をあまり聞いていないらしい。らしいというのは理由があって本人は「その話はあそこにいくだろう」と予測しながらちゃんと聞いていて、話のたどり着く道の先でどう「次の行き先をお伝えしようか」と考えているのですが、その様子を見ていると相手からは「話を聞いていない」という状態に映るようです。

わたしは「会議の様子を要約して伝えること」が得意なのですが、「要約」とは聞こえのいい表現で、その実は「話の大部分をカット」しているわけです。

その逆に「聞いているふり」はわたしにはとても苦痛な作業です。耐えられない。

あるとき、講演会でわたしからして退屈なお話を聞いていて退場したのですが（大胆）、それを「うんうん」と頷いている後輩に対して「なんでも大事そうにしていると相手はいい話をしていると勘違いしちゃうよ」「それは結果的に相手の成長を妨げてしまうんですよ」「ちゃんと面白くない時には面白くないと伝えるのが（退場ですが）本当の優しさです」と話しました。

もちろんこの話には「前段」があります。八方美人的な振る舞いがあるその後輩が、素直ならまあいいのですが、その実「かたくな」なところもあって、「ハイ」と返事をしても結果的にその「ハイ」が仕事に反映されないので、困ったからです。

その「実際」を知らない人たちからは結構人気もあって、なんだかこちらのほうが「悪者」になってしまうのでますます困ってしまいます。

数年後に職場を去って別の会社に行きましたが、おそらく同じことが繰り返されただろうと推測をします。

「話を聞いていないでしょう」といわれてしまったり会場を早退したりするわたしと「話をよく聞いている」感じなのに聞き流している後輩と。どちらが「優しい」のか。

結論としては二人ともちょっと社会性に欠けている存在ですね。

3章

仕事をデザインする

知識よりも人を知ることのほうが大切です

入社式の日に
定年の日を想像した。
余裕を生むのは
「せっかち」な心構えから。

――長生きする時代になったといわれ、人生後半の働き方について悩んでいる人も少なくありません。秋田さんはフリーランスというワークスタイルで長く活躍されていますが、「定年」について考えたことはありますか。

最初に定年を意識したのが入社式の日でした。二十三歳ですね。式典に出席しながら頭のなかで、四十年後に定年で退職する日のことを想像していました。変な青年ですね。

定年とは関係ないのですが、わたしの就職は少々変わっていて、実は会社の募集要項としては「デザイナーの中途採用」だったんです。そのお話を大学の教授が知り合いから聞いて「アキタくん受けてみない」と声がけしてくださって、それで当時目黒の青葉台にあった会社に面接に伺ったら、すんなりと合格をいただいたわけです。

中途採用というお話は全然わたし自身は分かっていなくて、合格が決まってから「一応会社としては中途採用の体裁なので、申し訳ないけれど三月からこちらにきて働いてください」というお話になりました。それで三月には会社の寮に入って会社で働いて、卒業式のためだけに名古屋に戻ったという「数奇な人」なんです。

しかし一ヶ月も職場で仕事をすると、なんとなく会社の雰囲気とか仕事の流れとかが分かるものなんですよね。同期になる人たちと一緒に入社式に出席する頃には、「一年（正確には一ヶ月ですが）」そこにいたような気持ちになっていました。実際に理解しているかは別にしてですが。

そのわずか一ヶ月の期間で、どうもわたしは会社員としての四十年間をシミュレーションしてしまったんでしょうね。

——終身雇用の働き方が当たり前の時代ですよね。

そうですね。結果として会社は今も存続していますから、ずっとそこに所属している自分もあったと思いますが、フリーランスのようなスタンスでいたでしょうね。

昔知った言葉
「悩むとは物事を複雑にすること。
考えるとは物事をシンプルにすること。」

劣等感は
優越感の裏返し。
自分自身とは
謙虚に付き合う。

――秋田さんは大学を卒業した後にインハウスデザイナーとして十一年ほど会社勤めをしてから独立されたのですよね。会社員だった頃と今とで、「仕事」や「働く」に対する向き合い方は変わりましたか？

素直に答えてしまいますと、まったくといっていいほど変わっていないと思います。会社員の頃は、身分としてはたしかに会社に所属していましたが、気分としては〝社内個人事務所〟の看板を掲げているようなスタンスでいました。

自分ができること、貢献できることを、会社の中の求められる場所で使ってもらって、給料をいただく。自分の生産価値が果たしてきちんと機能しているのか、給料に見合った仕事ができているのかという点をいつも気にしていました。

逆にいうと、**「もし何か失敗してしまったとしても、こんなわたしを雇ったほうが悪い」なんて開き直っていました。**臆病なくせにその頃は大胆だったと思います。

自分のやりたいこと、できることが、会社の基準のなかで評価されるかどうか。まわりと比べてどうこうとかあまり考えて悩んだことはありませんでした。

――ついまわりの人と自分を比べて落ち込んでしまう人のほうが多いかもしれませんが、秋田さんはそうではなかったのですね。

そうですね。学生時代から、わたしは「人の真似をしてうまくなろう」と思ったことはないんです。

「頑張って大学に受かったら、まわりのみんなが優秀で劣等感に陥った」という話は結構聞きますが、わたしはそういう劣等感を抱いたことが一度もないんですよ。

――まわりが気にならないほど優秀だったということでしょうか?

いえいえ、そういうことはないですね。**「まわりが優れているに決まっている」と**

最初から思っていたからです。

ようは、「自分はたかが知れている」と期待をしない。自分自身に過度な期待をかけないのです。

期待をしなければ、失望したり、余計に傷ついたりすることもありません。

劣等感を抱くのは、「優秀だろう」という目算があった証拠ですね。

つまり、劣等感は優越感の裏返しだとわたしはとらえています。

優越感を抱かないから、劣等感も抱かない。

ただフラットに、水平な目線で会社という社会の中に立っていました。

——会社を辞めて独立してから、そのスタンスに変化はありましたか？

独立すると小さいなりに「代表者」であり、いってみれば社長と思う人もいるでしょうが、わたしなりに独立を表現するとしたら「同時にいろんな会社の社員になる働き方」だと思っていました。**事務所の代表ではなくて複数の会社員です。**

会社の規模と関係なく自分のかかわる会社はすべて大事にしたいから、どこかを特別扱いする感覚はありません。

自信というのは浮くためではなく流されないための重りです。

素直な気持ちで
様々なものに触れる。
日々蓄えた「ものを見る目」が
仕事に滲み出る。

――新卒で「中途採用」されたというお話が興味深いですね。入社後は、まずどんな仕事からスタートしたのでしょうか。

たぶんデザイン室としては四月からでもよかったのでしょうが、会社の形式上一ヶ月遊ばせるわけにもいかなかったのでしょう。なんとか仕事を見繕っていただいたようで、それがデザイン室の間仕切りの設計でした。

一つの部屋だったものを仕事スペースと打ち合わせや作業をするスペースに分けるために、展示したり資料を入れたりする収納部のあるパーテーションを作るということになって、その図面を書いていました。

――キャリアの初めから「型にはまらない働き方」だったのですね。

型にはまらなすぎますね。そんなわたしが入社して半年後にコンペに応募したデザイン案が、当時規模が大きくて権威ある賞を受賞したものですから（第二十六回毎日

ＩＤ賞一般部門特選一席）、社内でも衝撃だったと思います。まさに「棚からぼたもち」ですね。

——当時のご自分を客観的に振り返ってみて、どういう点が優れていて賞をとれたと思いますか。

どの点が評価されていたかは分かりませんが、大学生の頃から建築好きのわたしのデザインは構造的で建築的だといわれることが多かったのです。

六〇年代七〇年代当時はイタリアデザインの隆盛期でプロダクトデザインを手がけるデザイナーの多くが建築出身だったということも、わたしの建築好きに拍車をかけていたんだと思います。わたしも将来はイタリアのデザイン事務所に就職したいと考えていたほどでした。しかしそんな勇気はなかったですね。

わたしが建築を好きなことを同僚もよく知っていたので、会社を辞めた時に何人かの有志の方たちからもらったプレゼントも、建築家フランク・ロイド・ライトのスケッチ集でした。

もちろんライトやコルビジェも好きですが、わたしのデザインの指針となっているのはミース・ファン・デル・ローエです。


――建築のほかに、影響を受けたものはありますか？


美術や文学、音楽も好きでいろいろなものに触れていました。音楽もクラシック、ジャズと幅広く。

いわゆる基礎教養、最近注目されているリベラルアーツというものでしょうか。

やはり**純粋な興味から染み入った審美眼は、仕事に滲み出る**ものではないかと思います。

評価がもたらすことに
期待をしない。
ただしトップにならなければ
見えない世界もある。

――秋田さんは社会に出て半年後にデザイン業界で知られるコンテストで一位を獲得されたとのことですが、その前後で仕事に対する向き合い方に変化はありましたか。

そうですね。**「過剰な夢を見なくなった」という変化は起きました。**

一位をとるということは、「一位をとった後の世界」を知るということです。ようはたいして大きな変化は起きなかったんですね。雑誌も数誌に紹介されただけだし。今だったら多少は違ったかなと思いますが、逆に分散的でやっぱり大した変化は起きないかなと思います。

でもそれこそが「一位をとった人ならではの貴重な経験」ですよね。二位ではいえない。

一位の世界を見てしまったので、会社にいた間一度もコンペにエントリーしませんでした。さらにいえば実際の製品がとても意欲的で斬新なものも次々誕生した時代だったので「現実に製品にならないデザイン案」をつくるコンペ以上の面白さが実際の仕事にありましたから、満ち足りていたんですね。

——なるほど。一位と二位で見える世界が違うんですね。どう違うのか具体的に教えていただけますか。

そうですね。**「一位だとマーケットの全容が分かるけれど、二位だと見えてこない」**ということでしょうか。

自分の製品でお話しすると、四年ほど前にマドラーをデザインしたことがありました。カクテルなんかを攪拌《こうはん》する時に使うマドラーです。

ただそのマドラーが普通と異なるのは、本体の攪拌部分に触媒加工がなされていて、その触媒の働きで「飲み物をマイルドにする」作用がある点です。ワインに使えば熟成が進んだような味わいになり、コーヒーもまろやかになります。その触媒加工が高価であることもあって、定価が税抜きで七千五百円。一般的なマドラーだったら千円も出すと十分高級なのにとても高いですよね。

ところが、テレビ番組を通して「実際にまろやかになる効果がある」ということが知れるとその高価なマドラーが番組直後に完売しました。そしてその売れ行きが反映されて楽天市場のマドラー売り上げの一位になったんです。マドラーという商品ジャンルでランキングがあるというのも驚きですが、あるときはマドラーを突き抜けてカトラリーのランキングにも登場しました。そこでマドラーの市場規模を理解することができました。

――どういう理解の仕方なのでしょうか。

つまりそのマドラーの売れ行きがメーカーは分かるわけで、その売り上げ総額がジャンルの一位なら二位はそれ以下ですよね。ただそれだけのことです。それが市場規模の最大値なのだと理解できます。しかしそれは一位をとったから分かることであって、二位では分からないんです。二位と一位の間の差異がどれだけあるのかが分かりません。もちろん今なら詳しく調べれば二位でも分かるでしょうが。

昔、「二位じゃダメなんですか」と言った政治家がいましたが、やはり一度は一位を経験してみないと見えない世界があることはたしかだろうと思います。

それが「道理」なのか
「都合」なのかを見極める。
会社への役立ち方を
デザインする。

会社に所属している時も、わたしはニコニコしているし機嫌もよかったのですが、その割にはその場のルールにはあまり従っていなかったかと思います。

――その場のルールとは?

組織をうまく運営するためにつくられた技術や不文律のことです。「うちの会社ではずっとこうやってきました」と教えられるような蓄積されたノウハウですね。

そういえば、わたしは部屋のなかで帽子をかぶって、薄い色のサングラスをかけて仕事をしていました。もちろん「そういう時代の空気に対する甘え」ですが、デザイン室にいる自分もデザインしたいという気持ちでした。若気ですね。

――当時から無二の空気をまとっていらっしゃったのでしょうね。しかし、新人時代には「とにかく会社のルールを覚えよう」と必死になる人が多いのでは。秋田さんはなぜ組織のルールを学ぼうとしなかったのですか。

もちろん社会人として学ばないといけないことがあることを承知していますし、そういう常識についてはちゃんと学んでいましたが、それが**この会社ならではの規則なのか、そうではないのかについてはちゃんと分けて考えようと思っていました。**一番大切なことは、デザインにおけるルールがその会社ならではなのか否かです。

そういう意味では会社に入った七〇年代の終わりから八〇年代の半ばまではオーディオのデザインが急速に変わる時期であり、自分の役割はそういう新しい造形感覚を会社に持ち込むことだと思っていました。

なんにせよ、生意気新入社員であったことは間違いありません。

――入社一年目で日本一の賞を受賞したのですから、まわりも納得されていたのではないですか。

どう思われていたかは分かりません。ただ、自分の感覚としては、早めに世の中から評価をいただいたことで、自分の考える新しいデザインを持ちこむことに対しての勇気と自信にはつながっていたと思います。

実際にまだ二六歳のわたしに高級機種のデザインを任せていただきました。

今でも忘れられないのは、その製品のデザインスケッチを説明する会議でした。その場にはたくさんの重役や責任者が集まっていましたが、その新しいデザインの説明を静かに聞いてくださって、さらには「大事な話が今ここでなされている」という空気感がそこにはありました。

辞める気持ちの人間が
役職を得るのは迷惑。
間を埋める会社員として
役割を尽くす。

――そんな大切な仕事をされていたにもかかわらず転職をされたわけですが、それはどうしてだったのですか。

入社式の日に定年のことを思ったという話をしましたが、「自分はいつかこの会社を離れるだろう」と想像していました。なぜかといえばオーディオだけでなくもっと様々なジャンルの製品を手掛けてみたいと思っていたからです。結果的に「同じような製品をつくっている会社に転職した」のは矛盾のようですが、実は転職の時に「家具や日用品」をデザインしている事務所も視野にありました。

さらにいえば転職当時、会社では電磁調理器をつくっていて「その仕事をさせてください」と面接官にお願いしたら「残念ながらその製品はやめてしまうんです」というお話を聞いて驚きつつ、またオーディオの仕事につきました。

さっきもお話ししたとおり、最初に就職した会社ではよい仕事をさせてもらっていました。辞める理由は「将来の展望」だけでしたから、会社が変わった瞬間に「出世を目論む」というのは「金の斧」を望むようなもので、それは自分らしくないと思って、出世しないようにしようと思いました。

――実際に役職のつくお立場にはならなかったのですか。

はい。会社員時代はずっと「ヒラ社員」です。

三五歳で会社を辞めた時もなんの役職もありませんでした。

一度大学に挨拶に伺った時に、ある教授に名刺をお渡ししたら、「え！ アキタくんまだ肩書きがないの」と驚かれたりして。驚いてくれたのは褒め言葉ですね。

――将来の独立を有利に運ぶために肩書きを求める人もいると思いますが、そうは考えなかったのですね。

フリーランスに会社員時代の肩書きはいらないと思っていました。世間知らずですね。

――上司や人事から「昇進試験、受けないの？」と聞かれませんでしたか。

聞かれますよね。受けなくてもよさそうな時は受けませんでした。受けなさいと言われると断りきれずに受けました。でもちゃんと受からないんです。昇進しないんです。

――プロフェッショナルであり続けると決めたからこそ生まれる強さなのでしょうか。

そんな強い感覚は決してなくて。**専門家でもなく、総合職でもなく、その間にある「名前のついていない何か」であろうとしたのでしょうね。**

間に漂い、間を埋める感じ。会社員としての機微ですよ。そしてその選択が、わたしにとっては最適だったということです。

こんな生き方もあるのだと知ってもらえるといいですね。

「嫌われたくない」「認められたい」「わかってほしい」
という三大承認欲求は
「結構好かれている」「結構認められてる」「結構わかられている」という三大「結構」で結構昔から満足しております。

いつでも誰に対しても、
ニコニコ挨拶する。
社歴も肩書きも、
人付き合いには関係ない。

会社員時代を振り返った時にこれが一番だと思う自慢話をしてもいいですか。

——お願いします。

それは、会社に入って半年経った頃に、社内の清掃をされている奥さんたちから「アキタくん、今度、秋の慰安旅行に行くんだけれど、一緒に来ませんか?」と誘われたことです。

——それはなかなかないことですね。

当時はなんとも思わなかった、というのもまたおかしな話ですが、歳月が経つほどにこのことが「特殊」であり「特別」なことに思えてきました。

誰に対しても「おはようございます」「失礼します」と、愛想よく挨拶をしていたのがよかったのでしょうが、それにしてもすごいことですね。

――話しかけやすい雰囲気を出していたという自覚はありますか。

意識をしていたわけではありませんが、「デザイナーだからステータスが高い」なんて思っていなかったから、親近感を持ってもらえたのかもしれません。

常に変わらないのは大切なことですね。どこの会社に入ってもどんな立場にたっても同じスタンスでいてほしいものです。

逆にいえば**「それなりの立場」になる自分を想像して、そこから今の自分の有り様を導き出す**のがいいかもしれません。そんな未来を描くのも楽しいかと思います。

素直に優《まさ》る才能なし。

成功することと
才能があることはつながらない。
能力を磨き、
出会いを広げる。

——秋田さんは、ご自身のキャリアにおいてどんな目標を置いていたのでしょうか。

そもそもという話になってしまいますが、わたしは「成功できない人」だと思っていました。

会社で出世する人は総合力に優れていると思っていましたから、欠けたところがある自分では無理だと思っていました。

ゆえにわたしは会社員時代に昇進のために頑張ることもしませんでした。ある意味「無駄なことはしない」主義です。

しかし一方でデザイナーとして有名にはなりたいとずっと思っていました。

——成功と有名、似ているようで違いますね。

たぶんふつうは同義でしょうね。

卓越した能力を磨けば有名になることはできそうに思うんです。それは能力を生かした仕事や作品が世の中に知れ渡っていくからです。

有名になったあとに成功がついてくる可能性も少しはありそうに思うので、それを楽しみにいまもデザインしています。

しかし有名になることで仕事がやりにくくなるので、意図的に人目をさける人も成功者のなかにたくさんいらっしゃると思います。

――「成功」よりも「有名」になることを望むのはどうしてですか。

どうしてでしょうね。多分、有名になったほうが、わたしの言葉を大切に思ってくださる方が増えそうだからではないですか。

出版のオファーを同時に複数いただいたのですが、その時に何人かの方が「秋田さんに直接会って話しを聞きたい」とおっしゃって、すごく嬉しかったんですよ。

編集者の方から、会議で「秋田道夫さんの本を出したいです」と提案したら、社内にわたしのTwitterをフォローしてくださっている方が大勢いて、盛り上がったというお話をうかがったりもしましたが、とても嬉しいですね。

今、関西で進んでいる大学と地元メーカーの製品開発のプロジェクトでも、わたしが参加したことを関係者のみなさんが喜んでくださったと聞いてとても嬉しくなりました。

わたしに会いたいと思ってくださる人が増えるというのは、素直に嬉しくなります。それにしてもTwitterの影響力はすごいですね。

――出会いの広がりを楽しんでいるわけですね。それが秋田さんの思う「成功」だと。

そうかもしれないですね。別に成功してなにがしたいわけでもありませんし、会った相手に喜んでもらえるならそれで十分幸せです。

――年齢を重ねても仕事が絶えず、活躍できる人になるために必要なことはなんだと思いますか。

情緒の安定かなと思います。わたしの場合「旬」といえるような期間もそんなにありませんし、その一方でなにも手掛けていない時期というものもありませんから、浮き沈みが少ないというかいつも水面を歩いている感じです。

おかげで長く仕事をさせていただいている会社もあって、付き合いが続くのはとてもありがたいことですね。

――もしかしたら「うちの製品のデザインを秋田さんにお願いしてみたい」と思いながら遠慮している方は多いかもしれませんね。

コマーシャルではないですが「それなら早く言ってよう」という感じです。自分では意識していませんでしたが、気安く「お願いします」という空気感はどうもわたしにはないようです。

「仕事が欲しいと言っては、仕事は来ない」。

仕事は忙しい人を好んで集まってくるものです。たとえ暇ですぐにでも仕事が欲しかったとしても、「仕事をください」と表明しないほうがいいです。

以前、わたしも新しい仕事をしてみたいなと考えて、試しに「仕事をしたい」と投稿してみたことがあるのですが、仕事ではなく取材の依頼ばかり来ました。話を聞きたいという人はいつもいてくださるようです。

仕事を呼ぶのは、やはり仕事。作品が実績として勝手に語ってくれて、新たな縁を呼び込んでくれるものだと思います。

納期に九割を出すより、
翌日に五割で出す。
時間をプレゼントして、
相手に委ねる。

――誰もが「時間がない」と忙しない時代に、秋田さんは時間に追われている様子が感じられません。なぜですか。

それはね、わたしは暇だからですよ。

――あちこちで仕事もなさっているので、暇なはずはないと思うのですが。

こんなことを自分でいって申し訳ないのですが、仕事が早いんです。多分とんでもなく。それほど時間をかけずにいくつも案を出せてしまうんです。いやらしいですね。打ち合わせを今日したとしたら、もう翌日には出してしまいたくなるんです。許されるなら打ち合わせ中でも一時間後でもいいくらいです。

ただし、それは一〇〇%の完成品を目指すのではなく、五〇%でもいいんです。**五〇%でもいいから早く出すことで、相手の方向性の確認ができるではないですか。**もしも間違っていたとしても、修正する余裕もありますから安心でしょう。

――時間をかけて完璧を目指すよりも、まずラフでいいから早めに出すという心がけですね。

早く出すのは自分のためではなく、相手に時間をプレゼントするようなつもりです。わたしのポリシーは、他の人の半分の時間で、八割まで仕上げること。でも、話の種明かしをすると、ものごとの八割までは案外ささっとできるんですよ。八割から先を仕上げるのが難しい。

たぶん八〇％から九〇％への一割の磨きに、〇％から八〇％までにかけた時間と同等の時間がかかって、さらに九〇％から九九％までの仕上げには倍の時間がかかります。

――八割の段階で出すことに躊躇《ちゅうちょ》はないのでしょうか？

まったく躊躇はないですし、八割であってもアイディアそのものは十分見えるものだと思います。とにかく大事なことは「意見の食い違い」をなくすことにあります。

さらにいえばあまりちゃんとした絵を描きすぎると相手が困るんです。ちゃんと描いたためにアイディアのバリエーションが少ないというのはさらに困らせます。

「この人徹夜でこれ描いたんだろうなあ」と思うと、気に入っていなくても「いいですね」と言ってしまいそうです。もちろん相手の疲れを全然気にしない人もいますが。

いえるのは**「まだ結論が出てこない段階で燃え尽きてはいけない」**ということです。初期のアイディアでやりすぎないで、もっと先のためにエネルギーを保存したほうがいいですね。

満足のものさしは人によって異なるので、結論は相手次第であることも忘れずに。

曖昧で無形なものは
追いかけない。
ただ目の前にあるものに
向き合い続ける。

──ビジネスの世界では、日々、「イノベーションはどう起こすべきか」という議論がなされています。新しい概念、コンセプトはどうしたら生まれると思いますか。

そもそも論になってしまいますが、わたしは「コンセプト」という無形のものを追いかけるような考え方があまり好みではありません。

それはあくまで結果を集めて体系化した後に生まれるものであって、最初からそれにとらわれると、今あるものを超えることはできない。

自分が設定したコンセプトによって阻害されてしまうという事態が起きてしまうのです。

──なるほど。仮説の枠を出られなくなるということですね。

そうです。では、わたしはどういう態度でデザインをしているのかという話をしましょうか。

わたしはただそのものに向き合うようにしています。

目の前にある一つの道具、一つの機械が、一体どういう加工を施すと、機嫌よく働いてくれるのか。それだけを真面目に考え続けて、答えを出しています。

つまり、わたしの仕事は、機械の機嫌をとることですね。

時折、「斬新なデザイン」「イノベーティブな造形」として注目される製品が生まれますが、それを仕掛けているのはデザイナーではありません。

iPhoneが誕生した時、世界中が「あっ」と驚きましたよね。それまでの携帯電話には必ずついていた1から9までのボタンがない。「タッチ式でもいい」という新たな代入によって、製品のデザインは根本から変わり、以後、「ボタンのデザインをどうするか?」という議論が不要になりました。

これも、誰の手柄かというと、スティーブ・ジョブズですよね。

概念を変えるということはそういうことです。誰もがその役目を担えるわけではありません。**領分を知ることで自分ができる役割を明確にできるのではないでしょうか。**

ただし、限られた異才を除いた大多数が無力かというと、そうではないとも思います。

わたしは、「言葉の力」を信じています。形が概念を先回りして規定することはできませんが、言葉は概念に影響を与える可能性がありますから。わたしが言葉にこだわる理由かもしれません。

「光よりも速く、宇宙の星に到達するものは何か」という話が好きなんです。

——光よりも速いもの。なんでしょう。

想像力です。

宇宙のどこかにこんな星があるかもしれないと描く想像は、光がその星に届くよりも速く、頭の中に描けます。

言葉と想像力は、わたしたち人間に与えられた尊い力です。大切にしたいですね。

「もしも自分だったら」
と置き換えて考える。
いつの間にか、
誰かが助かる仕事をする。

そういえば、わたしのデザインも「気が利くデザイン」を目指してきたといえるかもしれません。

──「気が利くデザイン」とはどういうものでしょうか。

たとえば、街中に普及している「忘れ物を防ぐデザイン」も、わたしなりに気を利かせた結果として生まれました。

具体的には、交通系ICカードのチャージ専用機なのですが、よろしければ形をよく見てみてください。天板が床に対して平行ではなく、四十五度斜めになっているんです。なぜわざわざ傾斜をつけたかというと、ここにパッと持ち物を置けないようにしたかったからです。

──なるほど……！　持ち物を置きづらいから、忘れ物をしなくなる。わたしもうっかり買い物をしたばかりの袋を置き忘れてしまったことがあります。

ありますよね。わたしも経験がありますよ。

自分の困りごとを解消するために、「どうしたら防げるのか」と考えて、デザインで先回りするんです。

——感動しました。

喜んでいただけて嬉しいです。調子に乗って紹介すると、駅の券売機でお金を入れる口が大きくなったのも、わたしの仕事です。

無造作に小銭を入れても投入されるから、切符を買うのがスピーディーになったと思います。

それから、電気ポットの煮沸スイッチも。スイッチを上下に切り替えることで加熱する仕組みですが、「上から下へ」ではなく、「下から上へ」と押し上げた時に煮沸がスタートする方式にデザインしました。

あえて重力に逆らうアクションを呼ぶことで、記憶に残りやすくするという意図です。「あれ？　スイッチ入れたっけ？」ともう一度見にいく手間を少しでも減らせないかと考えて、この方式にしたんです。

――いわれてみると納得します。とてもさりげない、けれどありがたい配慮ですね。

逆に、素直な分かりやすさを守るほうがいい場合もあります。

一般的な例としては、エレベーターを呼ぶためのボタンは、上下に並んでいるほうが分かりやすいですよね。

上階に向かうためのボタンが上、下階に向かうためのボタンは下に。縦に並んで配置してあると、感覚的にパッと押せます。

ところが、たまに横並びに配置されているエレベーターもあるんですよ。だいぶ減りましたが、いまだにある。見つけるたびにわたしは気になって仕方がありません。

――デザインの力で、ストレスやミスを未然に防ぐ。それができるのは、敏感な観察力あってのことではないでしょうか。どうして秋田さんは、気づけるのでしょうか。

ようするに、行為に対して敏感なのでしょうね。**あらゆる行為に対して、「なぜそうなるのか」という分析をする癖が染み付いているのだと思います。**

――街を歩くと、いろいろと足りない箇所が気になって疲れてしまいませんか。

たしかにいろんなことに気づいてしまう性分かもしれません。でも、わたしが気づいたことをデザインに反映することで、何十人か何百人か何千人か何万人かが助かる可能性があるということ。その効果を想像すると、気づくことはいいことだと思えます。誰よりも、わたしのデザインによって一番救われているのはわたし自身です。ＩＣ

カードのチャージをした後に、忘れ物をしなくなる日常を送りたいから「斜めにしてみよう」と思いつくのです。

——ご自身の日常にはないものをデザインする際には、どうやって気づくのでしょうか？

シミュレーションをしてみることが多いです。

たとえば、ベビーソープの容器の手で押して泡を出すヘッドのサイズを大きくした仕事も、なかなか気に入っています。

この時は、実際に赤ちゃんの人形を抱いてお母さんの使い方をシミュレーションしてみました。「ヘッドが小さいと、急いで上から押した時に容器が倒れやすいな」と気づいたので、サイズの改良を提案しました。

今ではほかのメーカーも真似してくれて、新しいスタンダードになっているようですね。これ、ちょっと自慢です。

――こうしてものの形は進化していくのですね。

機能を高めながらも、見た目も美しく両立させていきたいというのが、わたしのこだわりです。

理屈が背景にあったとしても、理屈を表に出したくないのです。

――あらゆる仕事に通じるお話をいただけた気がします。秋田さんのスタイリッシュなデザインが、「もしも自分だったら」という置き換えによって始まるという点も、今日から真似できそうです。

思えば小さい頃から、人の心配ばかりしていました。

でも、いろんな計算をしていたとしても、わたしのデザインは軽やかでありたいんですよ。

気を回し過ぎて重たくなることは避けたいのです。
自己主張を目的化することは好きではありません。
シンプルでありながら、過不足なく気が利いている。
いつの間にか、今日も誰かが助かっている。

わたしが考える豊かなデザインとはそういうものです。

自分の意図は
気づかれなくていい。
永遠に未完成の世界を
小さな力で変えていく。

――人知れず先回りして、世の中の不便を解消していく。決して主張するわけでもない。それが秋田さんの仕事であると「気づかれない」ことのほうが多いのではないでしょうか。

気づかれなくてもいいのです。もしかしたら、ふとあるときに「そういえば、昔とは違うよね」と気づいてもらえるかもしれませんが、ずっと気づかれなくても構いません。

わたしは気づきを売り物にしていません。でもね、そうやって「誰にも気づかれない工夫」をし続けていたわたしが、どういうわけか今ご注目をいただいているというのが、ちょっと面白いですよね。

――「ずっと気づかれなくても構わない」と考えてきた秋田さんにとって、仕事のモチベーションとは何なのでしょうか。

小さな力で、世の中を変えていける手応えですね。

使いにくくする変化も、使いやすくする変化も、時間を重ねるうちに何万倍にも何十万倍にも拡大されていくものです。

たとえ一％の変化しか加えなかったとしても、十万をかけたらものすごい差を生みます。

――そうやって世の中の風景がまるっきり変わっていく過程を、人知れず楽しんでいらっしゃる。

そうなんです。しめしめと眺めています。

わたしが起こせる変化は大それたものではないですよ。でも、「忘れ物が減る」とか「ボトルが倒れない」といった変化は、誰にとっても身近な日常の一片でしょう。

わずかなかけらであっても、今日も誰かが助かっているかもしれない。

そう考えるだけで、「あの線を、あのように描いてよかったな」と思えるのです。

――「自分を目立たせたい」「もっと認められたい」というモチベーションとは対極ですね。

そうありたいという積極的な意思を働かせているというより、単純に好きで面白がっているのでしょうね。思えば、大人になる前から「もっとこうだったらいいのに」とアイディアを提案するのが好きでした。

中学生の頃、使っていたバインダーが壊れてしまった時、その原因が留め具にあると考えて、メーカーに〝改善案〟の絵を描いて送ったという記憶があります。「このパーツのここの部分をもっと深くすると壊れないと思います」と。

後日、御礼と新品のバインダーが送られてきました。キングジムという会社です。

大人になってからは、スケッチを送るだけではなくて、自分で変える立場になれたわけですが、根本的には中学生の頃と何も変わっていないのでしょうね。

——秋田さんのお話を聞いていると、世の中にはたくさんのものが溢れているようで、まだまだ進化の途上であるように思えてきます。

一見、何もかもが完成品のように思えるかもしれません。でも、本当は大抵の製品やサービスは「途中」であり、「未完成」なのですよ。

さらにいえば、**人がつくったものであれば、どんなものにも「意図」が必ずあります。**誰がやったか分からないし、どういう意味かは分からないけれど、それがつくられた時には何らかの「意図」が働いていることは事実です。

そして、その「意図」は新たに書き換え可能です。そう考えると、世界は永遠に未完であるともいえますね。わたしが素敵だなと感じるのは、つくった人の「意図」が伝わったとしても伝わらなかったとしても、ものは使われるということです。

誰かが何食わぬ顔で使ってくれる様子を、街中で時々確かめることができるなんて、デザイナー冥利に尽きます。

よい仕事をするとよい人とよい仕事に会えます。

「暇を埋めない」

わたしは新幹線のなかでパソコンを開きません。というかパソコンは重いので出張に持っていきません。作業をしようにもできないわけです。もともとプレゼンテーションの資料をつくったり、リポートを書いたりという作業そのものが極端に少ないのです。新幹線の中はTwitterとゲームをしているか、ただただ外を「ぼんやり」見流して過ごしています。

本のなかで語るのも変な話ですが、実は本も読まないんです。なぜかといえば、以前ちょっとディープな内容の小説を車内で読んでいたら、その本とちょうどリンクした場所を通過したために非常に密接にその内容が頭にインプットされて後で困ったからです。

事務所でもなるべく「作業をしない」ようにしています。

たとえば一昨年に新しい3Dのソフトを使い始めてそれに連動して3Dプリンターも購入して様々な試作をつくりましたが、仕事としてしかその3Dプリンターを使わないようにしています。どういうことかといえば、机で使うとかトイレや台所で使う「ちょっとした小物」をちゃちゃっとつくれるんですが、それをしない。

もちろんそれが「仕事」になるならしますが、「暇な時間を埋める」ためには作業をしないようにしています。

4章

感性をデザインする

自分にとって心地よいものを選ぶ

感性は日常のなかで
育まれる。
観察は
デザインに勝る。

――秋田さんはデザイナーとしての知識や技術を、何から学んできたのですか。

絵やデザインのセンスというものは、教科書的なテクニックを吸収したというより、音楽や文学、美術や建築といった文化教養に対する興味によって磨かれたような気がしています。

あとは、子どもの頃から、周囲で起きていることを観察するのが好きでした。**行動とは別に、目で見た状況の判断が常にあって、違和感に対しては敏感だった**と思います。とにかく客観的でした。

――学校の勉強は好きでしたか。

勉強を勉強と思っていないところがありましたね。

いい換えると、見るものすべてが勉強だという感覚がありました。

中学二年生の頃だったか、学校の先生が「何事も勉強だ」とおっしゃったことをいまだに覚えているんです。

なぜ覚えているかというと、ちょうどその日の帰り道に「たしかに、何事も勉強だ」と膝を打つ光景を目にしたからです。

毎日歩く通学路の脇の鉄工所をふと見ると、作業員の方が細長い棒に巻きつけたワイヤーをクルクルと回しながら解いている様子が目に留まりました。

「ああ、そうか。そのまま引き抜くのでは絡まってしまうから、回しながら解いていく。勉強になるなぁ」と十代のアキタ少年は感心したわけです。

教室で学ぶ勉強だけが勉強ではない。

万事が万事、見るものすべてが学びの対象であり、そこに上下はないという考えがわたしには根付いています。

ですから、仕事において特定の師匠もいませんし、逆に、すべての出来事が師匠だったとも考えることができます。

――秋田さんは二十代の頃、何に一番お金を注ぎ込みましたか。

明確です。本ですね。ろくに食べずに、本ばかり買っていました。

――買っていたのはどんな本ですか。

小説もたくさん読みましたが、やはりデザイン関係の本ですね。
当時はインターネットもなく、海外から最新のデザインの情報を得るには、イタリアやドイツの本を買って取り寄せるしかありませんでしたから、かなりお金はかかったんです。毎日ＩＤ賞の賞金百万円はほとんど本に消えました。

――その習慣は今でも？

いいえ。二〇〇〇年前後から海外の専門誌はパタリと買わなくなりました。デザイン界におけるアジア勢の存在感が急速に高まるという環境変化が起きて、海外の専門誌に日本や中国・台湾・韓国の製品事例が多く掲載されるようになり、わざわざ海外から情報を得なくても国内の事例から勉強できる機会が充実する転換期が訪れたのです。逆にいえば「国内から学べ」という信号を感じたのかもしれません。

わたしが文章を頻繁に書くようになってからは、文体の影響を受け過ぎないように意識的に読書量を減らしているので、昔に比べると格段に本を読む時間は減りました。しかし、若い頃に本をたくさん読むことは、やはり時間をかけてじっくりと、思考や言葉選びに効いてくるように思います。

——アイディアの源、発想力を養うためのヒントを知りたいです。

あまり難しく考えずに、うまくいった事例を転換する「代入」や「置換」の機能を

利用するといいと思います。

――たとえばどういう考え方でしょうか。

以前、情報通信機器をつくっている会社から相談を受けたことがありました。その時に思いついたのが「代入」という発想法でした。

たとえば、ルーブル美術館から館内で使用する情報端末の依頼がきたと「代入」するわけです。

ふつうであれば「どこにでも使える」という汎用性を求められるので、おのずと外観も機能も「汎用」になります。

しかし、ルーブルという「ハイブランド」であり特殊な場所を想定すると外観も機能も「特化」しますし、かつ「高品位」「高品質」というものにもつながるでしょう。

そしてその場所で使われているという高い信頼性とブランド力は大きな影響がある

だろうと。

そう考えるだけで、ワクワクしますよね。わたしも今話していてワクワクしました。

ワールドカップの会場で使う端末として「代入」するのも楽しそうです。

——色々可能性が広がりますね。

汎用に特殊を代入することで、新しい答えが導きだせます。代入によって、自由度が高まるんです。

この発想はどんな仕事にも応用できるのではないでしょうか。

まず大切なことは「どうすれば仕事にワクワクを代入できるか」ですね。

——秋田さんは世の中の事象、出会う人、目の前で起きる出来事を独特の切り口で表現する名人だと思います。観察力を磨くコツはあるでしょうか。

いや名人ではないですが、デザインという仕事は観察力とその応用が大事なポイントですね。

ある時こんな素敵な質問をされました。

「あなたの目にはものがきれいに映っていて、それを取り出してデザインしているのか？」と。

「いいえ、キレイなものばかり見えているわけではありません。その反対も全部、見えていますよ。ただ、**キレイな部分をトリミングをしているだけです**」とお答えしました。このやりとりそのものがなかなかキレイですが。

――トリミング？「切り取る」という意味でしょうか。

はい。写真を撮る時によく使う用語です。風景全体の中から、どの部分を切り取るかを決めるということ。

ものを美しく見せるための技法の一つとして「黄金比」という言葉は、ご存知でしょう。ギリシャのパルテノン神殿もこの比率でできているそうですが、人の目に美しく感じるプロポーションを導く手法の一つです。

価値を効果的に引き出す比率のことです。

わたしが考えるのは**「黄金比」ではなく「黄金視」**という考え方。

つまり見る側の工夫によって、ものを美しく見る角度があるのではないかということです。

黄金比によって精緻につくられたものであっても、見る角度によってはその美しさが変わってしまう可能性もあります。逆にいえば美しく見える角度を探り当てることが大切かなと思います。自ら美しさを「見に行く」わけです。

――なるほど。最近は、スマートフォンで気軽に写真も撮れますが、同じ風景でも撮る人によって写真の魅力はかなり変わりますよね。

違うのかもしれませんね。

以前、ヨーロッパの信号機の展示会に足を運んだ時、一緒に行った人が「今この瞬間、同じ場所で写真を撮っているのに、どうしてこうも結果が違うのか。ズルいなあ」と。

わたしはあまり時間をかけずにパッと撮ってしまうので、余計にズルいわけですが、そういうセンスを学んできたのでしょうがないですね。

――そういえば、今おじゃましている秋田さんの仕事部屋の壁にも、建物の一部や街の一角を切り取った写真が飾られていますが、これももしかして？

はい。わたしが撮った写真です。ほかの人がどう思うかはわからないけれど、自分が「なんかいいな」と感じるものを写せたら満足なんです。

感性を第一に、風景を自分なりに切り取る遊びを毎日繰り返しているから、「ズルい」写真を「パッと」撮れてしまうのかもしれないですね。

黄金視は、黄金比のように数字が決まっていないから、ただただ自由なんです。

どんどん本を読んで色々なものを観てください。
そしてどんどん忘れてください。
それでも残っているのがあなたの知識です。

街を歩くだけでも
面白い発見がある。
観察しながら
想像で遊ぶ。

——秋田さんは日常のなかで観察を楽しむ達人だと思うのですが、たとえば街を歩く時、どんな眼で風景を眺めていらっしゃるのですか。

近所の街を歩くだけでも、面白い発見があるんですよ。最近面白くてツイートしたのは、側溝です。

——道の端にある側溝に目が留まるとは、独自のセンスをお持ちですね。

このあたりは昔からある住宅街で、駅前に背の高いビルがなく、低層の商店ばかりがぽこぽこと並んでいます。

通りの道幅も歩くのにちょうどよく整備されていて、「昔の日活映画のセットのようで、美しいな」とゆっくり歩いていた時にパッと目に留まったのが足元の側溝なんです。

――たしかに、あまり注意して見たことがありませんでしたが、秋田さんが注目した側溝は、スッキリと線が細くてどこかスタイリッシュですね。

きれいでしょう。段差がなくフラットで、見た目が美しいだけでなく、目が細かいから石ころや落ち葉も通さない機能性がある。

――機能と美しさの両面を同時に観察しているのですね。

機能と美しさの共存ともいうべきか。さらに加えるならば、よく見ると、表面に細かいギザギザの切れ目が加工してあるんですね。これは滑り止めです。この上を歩く人間や自転車がツルッと滑って転倒しないための配慮です。

――なるほど。この側溝をデザインした人の視点が見えてきました。

こんな話、面白いですか。

――とても面白いです。

それはよかったです。そういえば、この投稿をした時にいただいたコメントの中に「写真の撮り方が面白いですね」というものがありました。

道の端の側溝を写真に撮ろうとする時には、道路の中央側から撮って「横長」や「斜め」の写真にするのが〝普通〟だと。わたしは側溝に対して正面になる位置まで寄って、「縦長」の写真にしていたのがユニークだったようです。

――この撮り方だと、縦に長い直線が印象に残りますね。

これはわたしの好みによるもので、プロダクトデザインをする際にも「直線の美しさ」にこだわってきました。「80㎜」というセラミック製のコップのシリーズや、最近手がけた「Nothing」というカバンもしかり。直線の美しさに惹かれるのは、建築が好きなデザイナーだからなのでしょうね。

街観察の話でいうと、わたしは**お店に入って「値段当て」で遊ぶのが好きなんです。**結構、当たるんですよ。

――商品の値段が分かるということでしょうか。

値札を見ずに商品を見て、「これはだいたいこのくらいの値段」と考えると割と外れていないことが多いです。

法則があって、見た目の価値に「一・五倍」の数字をかけるんです。するとだいたい一致します。

――面白い。覚えやすいですね、「一・五倍の法則」。

実際の価値の五〇%くらい、売り手は儲けを出したいと思っているだろうと推測しての計算式です。

逆算すると、ユーズドショップの買取価格の目安も予想しやすくなりますよ。「お店側は新品価格の半値くらいで売りたいはず。ならば、さらにその半値以下で買い取ろうとするのでは」と考えるんです。せいぜい定価の二〇%が上限ですよね。最初から想定がつくんです。

——無駄な交渉をしなくて済みそうですね。

はい。ストレスフリーです。

人に見せているようで、
実は人から見られている。
自分が心地よくなければ、
人からもそう思われている。

――秋田さんの仕事場には、不思議な居心地のよさを感じます。過不足なく整っていてセンスを感じるのに、威圧感がない雰囲気があるといいますか。

最近渋谷区から引っ越したばかりなんですが、部屋自体も、ものの選び方も置き方も、**背伸びせず、ちょっと緩いのがこだわりです。**

置いてある家具といえば、ワークデスクと椅子、文具の収納棚に、膝の高さの本棚、小さな冷蔵庫やポットや掃除機があるくらい。

でも、ここにあるものは使いやすくて気に入っています。椅子も、三種類あります。すべて、好きなデザイナーによるものです。

――壁にずらりと積み上げられている白い箱は？

いわゆるバンカーズボックスです。

箱の中身が分かるように、付箋で「画材」「水筒」「差し当たって」とメモを貼っています。必要な時に必要なものを、適宜取り出す。結構、ズボラでしょう？　でも、これで十分だなと思ったわけです。

なぜなら、この風景における〝主人公〟は「箱」ですから。印象を決める主人公は箱であり、箱の中に何をどう入れるかは重要ではないのです。

だから、箱にこだわることは重要です。箱は非常に主張しますからね。箱はものを収納して運ぶだけにとどまらず、「主張する」という機能も果たしているわけです。Amazon や宅急便や ZOZO はそれをよく分かっていて、視認性の高いデザインで、ブランドのロゴを主張した段ボール箱を活用しています。わたしはとてもシンプルな、軽くて丈夫な蓋付きの箱をネットで買って揃えました。

——インテリアにおいて、一番心がけていることはなんですか？

一番気をつけているのは、「かっこよさに縛られない」ことですね。

とにかくきっちりしすぎないように気をつけています。いいものをこれ見よがしに置くと、そうなりやすいのかもしれません。

目指したいイメージは、「いいものを適当に置く」。うやうやしく飾られているのではなく、無造作にそのへんに置かれているのが素敵だなと。

でも、一つひとつのものはこだわって選びます。すると、いつでも語れるではないですか。ラフに置かれたものなのに、語るだけの力があるというのがいい。

人も同じですよね。やはりその人の実力がしっかりと備わっていたら、どんな場所にどう置かれていても、迫力のような何かを発するものです。

ものも人も、それ自体に宿す力をおざなりにしてはいけませんよ。


――おざなりにしてしまっているケースが気になりますか。


そうですね。自分の都合に合わせてコントロールしようとし過ぎではないかと感じます。ものに関していえば、自分の見たい世界に無理やり合わせようとする。

たとえば、冷蔵庫や洗濯機といった「白物家電」の黒バージョンが一斉に世に出たことがありました。

あの時の「黒」に込められた意味は、「存在の放棄」なんですよね。

つまり、存在として消したい。食品を冷やす機能、衣類を洗濯する機能だけ満たせばよくて、存在感を極力ゼロにしたいという心理の表れだとわたしは解釈していました。そこに愛はないですよね。


——ものに対する愛を感じない、ということでしょうか。


そのもの自体を愛でる気持ちはない。ただ、自分が支配したい空間に合うものを選びたいというだけなのです。

とても選択的な意思が働いていますよね。それが悪いことだと責める気はありません。でも、少なくとも自覚的であることが重要だと思います。

あとは、自分をよく見せるため、愛されるためのもの選びはしません。

ここにあるものも、華美でもなく、かといってプレーン過ぎるものでもなく、ちょうどよいバランスで自分にとって心地いいと感じられるものばかりです。

――無造作なようで、実はこだわって選んでいる。その選択眼の持ち方についても伺いたいです。

デザインに関しても同じ考えなのですが、わたしが好んで選ぶのは「余計なことをしていないもの」。これに尽きると思います。

ロングセラーとは、「研ぎ澄まされた普通」でないといけない。

日常で使う道具も、決してやり過ぎていない、ちょうどいいものを選んでいます。見つけるための手間は惜しみません。

身につけるものは
責任を持って選ぶ。
「語らずとも語ってくれる」
ものを持つ。

――今は買い物の仕方もどんどん効率化しようという流れがありますが、秋田さんは「見つけるための手間は惜しまない」と。たとえばどのように？

見つけるまでのプロセスで起きる出来事そのものや、自分の直感を面白がっているのかもしれないですね。

とくに身につけるものは、こだわって選びます。今日穿《は》いているジーパンもそうですし、シャツも、メガネも、さらっと身につけているようで、全部吟味して買ってきたものです。

今は、ネット上ですべて完結するコンシェルジュのようなサービスもあるようですが、わたしは自分で選ぶ行動が好きです。

流行も情報としてはチェックしますが、「流行《はや》っているから買おう」とは思いません。買った後で、流行っていたと知ることはよくありますが。

――あくまで主体的であろうとするのですね。

そう。「自分オリエンテッド」です。

自分で責任を持って選んだものに囲まれると、自然と気に入った空間になります。

誰かに代わりに選んでもらうのは、短期的にはラクになるのかもしれませんが、もしもうまくいかなくなったら、その人に責任転嫁しそうではないですか。

自分で選べば、すべて責任を引き受けられる。誰かにぶつぶつといいたくなる気持ちは生まれないから健康的です。

そうそう。最近、ちょっと面白い出来事がありました。

出張で大阪に向かうために新幹線に乗った時のことです。乗車する時に、列の前で素敵なカバンが目に入ったんです。その日は混み合っていたんですが、偶然そのカバンの持ち主の女性が隣の席で、カバンを棚に上げるのが重そうだったのでお手伝いをしました。まあわたしがいないほうがさらによかったでしょうが。

間近でみた冴えたオレンジ色のシンプルで頑丈そうなケースはさらに素敵でした。

思わず、「このカバン、素敵ですね」と声をかけたら、偶然にもそのカバンの日本代理店にお勤めの方だったんです。プロのカメラマンに愛用者が多く、米軍や防衛省の御用達だとかで、川に落ちても浸水しない防水性が売りなのだと、さすが代理店の方ですから上手に説明してくださいました。

――すごい展開ですね。

わたしがプロダクトデザイナーでそういう製品に目がないことと、「こんな仕事をしています」というと作品をいろいろ見てくださって、そんなこんなで話が盛り上がったので京都まであっという間でしたね。

――よくあることなのでしょうか。

そうですね。好奇心はとても強いので簡単に人に話しかけたりはします。

カバンの持ち主は、さらに履いているスニーカーも「On」というブランドのものでとてもセンスがよかったんです。わたしもその日は「ニューバランス」でしたが、たまたま数日前に新しいスニーカーを買おうと思って見たお店で「On」が気になっていたので、それも話しかけるきっかけだったと思います。

——思わず話しかけたくなるような持ち物が、フックとして働いたのですね。

ちなみに、帰りの新幹線でも、隣に男性が座りましたが、話が合いそうに感じなかったので、静かに過ごしました。ノーフックでしたね。

クオリティの高いものは好き嫌いを超える。

クオリティの高いものは言葉が要らない。

クオリティの高いものは値段を超える。

クオリティの高いものはあこがれを生む。

好奇心は積極的に
無駄遣いする。
日々のニュースを
追いかける必要はない。

――先ほどの新幹線での出来事が象徴的ですが、秋田さんは流行に敏感で、話題も豊富ですね。アンテナを広く張っていらっしゃる。

あまり意識してきたわけではないですが、たしかにわたしは好奇心の無駄遣いが好きです。

――「好奇心の無駄遣い」というのは？

なんでもピンと来たものは調べたり、直接触れたりする行動を厭《いと》わないんです。友人から「面白かったよ」と教えてもらった映画は喜んで観に行きますしね。結構、ミーハーなんです。

必ずしも仕事に収斂《しゅうれん》するとも、役に立つとも思っていませんが、**流行りのものは知っておいたほうが、人との会話が盛り上がるでしょう。**

大阪生まれの関西人ですから、やっぱり会った人を楽しませたいというサービス精神があるのかもしれませんね。

——世の中のトレンドを知るために日課にしている習慣はありますか。

意外に思われるかもしれませんが、わたしは新聞やテレビやネットで日々のニュースを追うことはしません。

——そうなのですか。では、情報収集はどのように?

前提として、やみくもに情報を拾わないようにしているのです。

ご質問に答えるならば、「自分」を起点に検索するというのがわたしの情報収集法です。

Google、Yahoo!、Microsoft Edgeの検索窓に「秋田道夫」と自分の名前を入れて、「二十四時間以内」「一週間以内」という条件設定をして、検索をかけるのです。

すると、自分に関連する最新の記事やコメントだけに絞られた情報が集められます。紐づいていろんな世の中の事象がくっついてきますが、すべてわたしに関連する情報です。この範囲であれば、自分で責任を持ってコメントができます。

――なるほど。インターネットで無限に情報が得られる時代だからこそ、あえて狭める。それも「自分」という検索条件で。

自分の名前で検索するなんていうと、あからさまに自意識が高いようで恥ずかしいと感じる人もいるかもしれませんが、わたしの場合は自分の発言に責任を持つための方法としてやっています。

いろいろと試してみて、これが一番要領がいいと分かったんです。

「平凡」からずれていないか
確認する。
生活を観察しつつ、
飲み込まれない。

――秋田さんがTwitterを今のアカウントで始めたのは二〇二一年三月ですね。以後、頻繁に投稿されてフォロワーを十万人まで伸ばされましたが、ご自身にとってTwitterはどういう位置付けですか。

こういってはなんですが、「暇つぶし」です。語弊があるかもしれませんから言い換えましょう。**頭の中に流れては消えゆく言葉を書き留めておくメモ帳のようなものです。**何をしていてもふと言葉が一行浮かぶものですから。俳人が歩きながら俳句を詠むような感覚なのかもしれません。

ちなみにですが、一度投稿した言葉を、後から削除することも結構あるんですよ。

――消しているのですか。どういう投稿を削除するのでしょう？

みなさんの反応がそれほど得られなかったものです。

つぶやいた言葉は流しっぱなしにするのではなく、必ず反応を確認するようにしています。賛同や共感が得られている投稿は残し、それほどでもないものは消す。この作業を繰り返していると、どういう言葉がより多くの人に響くのかという傾向も見えてきます。

フォロワー十万人に達するまでも単純に増えていったわけではなく、相当の入れ替わりがありました。

どういう投稿をしたら、どういう人が反応してフォローしてくれるのか。逆にどういう人が離れていくのか。結構、真面目に観察しています。

――いいっぱなしではなく、きちんと分析もする。

はい。そうすると、世の中の「常識」とか「普通」の感覚もなんとなく見えてきます。

わたしはチョコレートが好きなのですが、「このチョコレートが好きです」と写真付きで投稿したら、意外に反応がよかったですね。すると、「あ、自分の好みの感覚は普通なんだな」と確認できるわけです。

――時々、好きなチョコレートの投稿が見られたりするので、親近感が湧きます。

実は投稿のネタに困っていただけだったりして。そのチョコレートは溶けやすいので低温になる冬季限定の商品なんですが、それが店頭に並ぶと「あークリスマスが近いんだなあ」と感じたわけです。そして一年ぶりにお菓子屋さんの店頭で「再会」。発見した時には嬉しくて思わず投稿してしまったわけですが、同様に感じている人が大勢いることにびっくりしました。

ほかにも、ファーストフードのある製品だとか毎日夕飯後に食べているアイスだとか、自分がまったく無意識で「おいしいな」「これ、好きだな」と感じた商品が他の人も好きかどうか、売れているのかどうかは時々確かめています。

――何か意図があるのでしょうか？

「平凡」の確認です。**自分にとっての「普通」「平凡」が、他の人にとってもそうであるのか。**投稿した後に共感や賛同が多く集まったら、「自分の感覚はそれほど間違っていないんだな」と確認できます。この確認ができると、自分の感覚に対して素直に言葉を発することにブレーキがかからなくなります。

こうした確認作業が結果として「親しみ」につながっているのでしたら、やってよかったなと思えます。

――秋田さんは日常をよく観察し、日常に使うプロダクトをデザインするプロですが、それでいてご自身の佇《たたず》まいには生活感を感じさせない。不思議です。

生活は誰にとっても身近であり、わたしにも日常の生活があります。

しかしながらそれをどれくらい外に見せるかというのは、相当気をつけてコントロールしています。**生活の観察は楽しんでいますが、生活には溺れない。**自分が飲み込まれないように気をつけています。

――いつからそのような意識を持たれていたのですか。

若い頃からです。「有名になる」と決めていたので、有名になる前から生活感をむやみに表に出さないと決めていました。

家族構成を公表することや、昔の経歴について詳細に語ることもしません。

――今は誰でも発信できる時代ですから、無意識に日常をそのまま世間に公開する方向に流れやすいですよね。

気をつけたほうがいいと、個人的には思っています。

ＳＮＳを見ていても、お子さんの写真を頻繁に載せる行動が散見されますが、自分の側からの視点だけで掲載することに違和感はあります。

もちろん子どもさんが将来そのことを喜んでくれればいいですが、やはり子どもにも独立した人格があり、子どもも自分の都合で動きたいはずです。親の都合で勝手に引っ張り出すのは失礼ではないかと思うんです。かわいい子どもの写真を載せたくなる気持ちは、もちろん分かりますけれども。逆に言えば、子どもさんがお父さんお母さんの写真をどんどん掲載する場合どう思うかですね。

たぶん**大事なことは、お互いの納得感ですよね。**わたしは自分の子どもとは生涯の友人のように対等に付き合っていきたいと考えてきましたから、「相手はどう思うだろうか」という基準でいつも判断しています。

センスって何かを聞かれたら
『余計なことをしないこと。』と答えます。
『何が余計か分からない。』と言われれば
『そこがセンスです。』と答えます。

機能を増やすには
技術がいるが
機能を減らすには
哲学がいる。

――秋田さんはご自分をどんなデザイナーだと規定していますか。

そうですね。あえて言語化するとしたら、「デザインしないデザイナー」だと思います。禅問答みたいですね。

――デザイナーなのに、「デザインしない」。どういう意味でしょうか。

余計なものを省き、削ぎ落とし、必要な要素だけを残すのがデザイナーの仕事だとわたしは思っています。

この考えを集約したのが、**「機能を増やすには技術がいるが、機能を減らすには哲学がいる」**という言葉です。

たとえば、十数年前に水筒をデザインしたことがあります。最近はマイボトルを持ち歩くライフスタイルがすっかり定着したこともあって、街中でよく見かけるようになりましたね。

水筒にもいろんな形があって、凹凸を強調したデザインもありますが、近頃の主流はキャップ（コップ）が無くて直接飲めるタイプです。それらは機能的で美しい造形です。しかしわたしが十数年前にデザインした、その名も筒をそのまま名前にした「TSUTSU」という水筒はコップが付属していますがただの円筒形で、たぶん今でも一番「シンプル」というか「デザインしていないデザイン」だと思います。

——十年以上前に。今見ても新しく感じます。

最近の仕事では、カバンをデザインしました。A3サイズの薄型トートバッグ「Nothing」です。

色は黒一色。カバンの厚みは最小限ながら自立するに足る七cmに抑え、薄いプレートのような見た目です。

約七五〇gと軽く、財布やスマホ、手帳、文庫本を入れて颯爽《さっそう》と出かける時の相棒のような存在になれたらと考えながらデザインしました。

わたし自身あまりカバンを持たない人なので「カバンを持たない人のカバン」というなんともまた禅問答なテーマでデザインしました。

でも薄く見えて案外たくさん入れることができて、外出先で試しにダウンジャケットを押し込んだらしっかり入りました。カバンに無理させてしまいました。

このカバンをデザインする際にも心がけたのは**「機能を極限まで削ぎ落とすこと」**です。ポケットもなし。間仕切りのためのファスナーもなし。

定番化したスマホ用の内ポケットも付けていません。

シンプルに四角い直方体に短いハンドルをつけただけ。「紙袋のような革袋」を目指しました。

——実はわたしも愛用しているのですが、使い心地がいいのはもちろん、意外な気づきがありました。「Nothing」のハンドルは短く肩掛けができないので、持ち歩く時にはどちらかの手が必ず塞がるんです。すると、何が起きたか。スマホを手に漫然と眺める時間が減った代わりに、空を眺めてぼんやり考える時間が増えたんです。いつの間にか失いかけていた大切な時間を取り戻したような気持ちになれました。

嬉しいですね。**「不自由がもたらす贅沢」**というものでしょうか。

何もしないデザインは、実は何かを生み出す可能性は大いにあるはずです。

だからこれからも、**「デザインしないデザイン」**にこだわっていきたいと思っています。

――「機能を削ぎ落とす哲学を大切にするデザイナーでありたい」という考え方は会社員時代から身についていたものなのでしょうか。

はい。勤めていた頃には、社内の会議で「高級品と廉価版の機能は近くなる」という説を語っていました。そこで生まれたのが先の「機能を増やすには技術がいるが、機能を減らすには哲学がいる」という言葉でした。

――まだ二十代の頃ですよね。

いえすでに三十歳にはなっていました。新しい会社に移って数年後に当時最高級の製品をデザインしていた時のお話です。

やたらに機能を増やすことは高級品にふさわしくなく、むしろ機能を極限まで減らして基本性能の質を磨くほうが「本物の高級」につながるという主張です。

誰かの印象に残る言葉を紡げたことが嬉しかったですね。

なんでも優しくするのが
親切ではない。
相手に委ねるのが
コミュニケーションの作法。

――複雑な事象を簡潔で平易な言葉に置き換える能力はいつから備わっていたのですか。

自分ではよく分かりませんが、思えば会社員の頃から「要約するのがうまい」といわれていました。

たとえば会議が始まって三十分ほど遅れて部屋に入ってきた人がわたしに「どんな話になっているの」と聞いてきた時、一つか二つの大事なポイントに要約して余計な情報は全部省いて伝えることが得意でした。「余計なこと」と自分で判断していることろが怖い人ですが、そういう意味では省くことは大胆ですね。

――デザインをする際に機能を削ぎ落とすというお話にも通じますね。

そうですね。**とくに重要なのは、最初の一言ですね。最初の一言の質が低いと、その後の話が頭に入ってきませんから。**

説明をする時も、まず最初の一言を発してみて相手の反応を見ながら、どれくらい噛み砕いて説明すべきかを探ります。

抽象度を上げてレベルの高い言葉から、平易に砕いていくことは可能ですが、その逆は難しい。だから、最初の言葉はあえてレベルを高く調整することが多いです。

以前、ある編集者の方から言われて嬉しかったのは、「秋田さんは相手に媚びてレベルを下げることをしていないからいいですね」という言葉です。

——どういう意味でしょうか？

少々難しい表現だったとしても、「これくらいの語句は教養として知っておいていただきたい」とわたしが思う言葉は、そのまま書くという意味です。ただし、難しい漢字にふりがなを振る配慮はしますよ。

「わたしはこれを知っているぞ」と自慢したいのではなく、「これは知っておかないといけない」というメッセージです。

なんでも砕くのが、本当の親切とは思いません。

――秋田さんのTwitterを見ていて気づいたのですが、「(笑)」を使っていませんね。これはどういう意識によるものでしょうか。

はい。こだわりです。使わないと決めています。

笑ってほしいと思ったとしても、自分から笑うことはしません。あくまで、相手に委ねるのがコミュニケーションの作法だと考えるからです。

――納得しました。作法として気になることはほかにありますか。

あえて挙げるとしたら、久しぶりに投稿する時に「お待たせしました」と冒頭に書く人がいますよね。

相手が待ってくれていたかどうかは分からないのに、少々押し付けがましいように感じます。

あと、アカウント名に「○○先生」と自分で「先生」をつけている方も気になります。「さん」「ちゃん」も。これは自分でつけるものではなく、相手につけてもらうものですよね。でもそういう時代なのかなと思いますが。

どちらが〝決める側〟に立つ主なのかは間違えないようにと、心がけたいものです。

――メールでも同じように心がけていらっしゃいますか。

「(笑)」もですが「!」も使いません。そして、何より端的に。

時候の挨拶もあまりしないですね。長文を書かないので愛想がないといわれたこともありますが、大事に思っているのは、大事なことをまず最初に書いて、文面全体の流れは基本「褒めベース」にすることです。相手を褒めて、とにかく悪いことは書きません。**相手が読んで不快な文章は自分が読んでも不快なんですね。**

自分がされて嫌なことは相手にしない。

言葉によって
価値観の一致は求めない。
他者との違いを
分かち合う。

――秋田さんはこれまでデザイナーとして多くの実績がありながら、日々Twitterで紡ぎ出した言葉でも人を魅了しています。今風にいえば「カタチと言葉の二刀流」のような存在だと思いますが、デザインすることと「言葉」とのバランスをどのように考えてこられたのでしょうか。

まず「説明可能なデザイン」を昔からしたいと思っていましたし、それを実践していました。「言い訳ではなく説明」ですね。そういう意味ではカタチの言語化というのは「歴史」があったりします。つまりわたしの言葉はあくまでもデザインを解説することの延長上にあって、いささかも情緒的でも文学的でもないと思っています。言葉も工業製品のデザインをしているような感覚です。

文章というより文字全体を構造としてとらえて、Twitterも電報みたいに「一文字いくら」と費用がかかると勝手に想定していて**文章の部品点数（文字数）をできるだけ減らして機能を最大化する**なんて「遊び」をしていたりします。

それから大事に思っているのは「美しく感じない言葉や表現」をしないことです。

そして専門用語やカタカナ語はなるべく使わない。文章の分かりやすさは製品の「使いやすさ」だと思っています。

——なるほど。言葉の機能美をデザインしているのですね。

はい。いかに読みやすく、使いやすく、記憶しやすい言葉に整えるか。こういう観点で推敲している人はあまりいないでしょうから、ユニークに映るのかもしれませんね。

わたし自身は「語彙力」や「文章力」というのがそんなにあるとは感じていません。ただ**「観察はデザインに勝る」**と同様に**「観察は文章力に勝る」**と思っているので、日頃のなかでいかに人や生活を観察しているかが文章の決め手のような気がします。まあそれを「文章力」というのかもしれませんが、少なくともみんなが経験しているようなことを「平易」で分かりやすく、「別の切り口」で表現できれば文章は魅力的になると思います。

結局、コミュニケーションとは何かという話に行き着くのだと思います。

――言葉の力は文章力がなくても成り立つ、というメッセージは勇気が出ますね。

とにかく優しくそして丁寧な文章を書くようにした結果、多くの方に言葉を受け取ってもらえるようになったのですから、やはりみんな「優しい表現」が好きなのだと思います。

もう一つ、お伝えしたいのは**言葉が理解できることが必ずしも「価値観の共有」を果たせるものではない**ということです。

――他者と価値観を共有できるのは、いいことではないのでしょうか？

もちろん共有できることはよいことです。

しかし価値観の共有は「価値観の一致」とは異なります。自分の価値観を提示することで、他者の価値観との違いやずれを明らかにできるということです。

つまり**「それ分からないなあ」の「分からない部分」を明白にするのが価値観を共有する意味だと受け止めれば、自分の価値観を提示することが怖くなります。**

世の中は「褒められない」のが最上級の評価だったりもする。

何を書くかよりも
何を書かないか。
自分を掘り下げて
今の心象だけで書く。

――Twitterのフォロワーがある日突然七万人も増えたとお聞きしていますが、どうして増えたのでしょうか。

ほんとなにが起きるか分からないというのが実感です。一昨年の三月に今のアカウントでTwitterを始めたのですが、一二月までの八ヶ月間フォロワーはわずか二十人でした。それもすごいなあと思いますが、ずっと誰もフォローをしていないので増える理由もないですね。

それが一二月のある日、わたしの「機能を減らすには哲学がいる」という文言をわたしの名前込みでTwitterで紹介してくださった方がいて、そこで急速にフォロワーの方が千二百人ほど増えたんです。通知音が鳴り止みませんでした。

翌年の二月にも信号機のお話がバズって一万九千人ぐらいまで行きました。それから数ヶ月間停滞した後、七月の二四日と二五日になぜかTwitterの「おすすめ」に選ばれて、二日間で七万人増えて九万人まで行きました。

理由はよく分かりません。ほんとに分からないんです。どうやってフォロワーを増やせるかの話で本が書けそうですが、分からないので書きようがありません。

ただフォローしてくださっている方から「刺さる」とか「うまいこというなあ」というコメントをもらって、初めて言葉に「あるチカラ」があったのだと思う次第です。


――Twitterに限らずSNSで気をつけていることをお伺いできますか。


気をつけるというか**「何を書くかよりも何を書かないか」のほうが大事だろう**と思っています。

ニュースは書かない、政治経済の話は書かない、プライベートのことも書かない、食事の話も旅行の話も書かない。たぶん多くの人が「書くネタ」になりそうなことを一切書かないで、今の心象だけで書くようにしています。

とにかく徹底して自分を掘り下げるようにしています。

これはデザイン同様に「古くならない」「懐かしくならない」工夫に尽きます。書いた文章から「いつ書いたものか」を推測できないようにしているのです。

——本来といっていいのか分かりませんが、「今の時代」を投影したのがＳＮＳだと思っていたので、その話はとても意外性があります。

まあ変なオジサンですよね。

自分のカタチを
決めない。
ぼんやりしている様子を
容認する。

――今のSNSのお話のなかで「デザイン同様に」というお話が出ましたが、デザインすることと文章を書くことのバランスを秋田さんはどう考えられているのか、みなさん知りたいように思います。

唐突に昔に遡りますが、わたしは別に小学生の頃に作文で賞をもらったこともなければ、国語でことさらよい成績だった経験もないんです。さらにいえば絵の世界でも小学一年生の時に大阪市のコンクールで佳作になったきり、およそ賞は社会人になるまで一度ももらったことがありません。

「過去の栄光がないのは気がラクだ」なんて思っていますが、まずいえば両親が過度の期待をわたしにしなかったことが、わたし自身にとってとてもよかったと思っています。

そのかわり、わたしが「こうしたい」といったことにまったく反対されたこともありません。

思うんですが「信頼」されていたというか、子どもではなく**一人の人間として認め**

て信用してくれていたと思っています。

――期待ではなく信用されたことがなぜよかったのですか。

なにせ「成績のよかった子どもの頃」がないので、初めてのように書き放題描き放題ですね。

あまり適当なことをいってもなんなので真面目に補足すれば、子どもの頃から本はよく読んでいました。絵はそんなに描きませんでしたが、美術を「見る」というのは好きでした。

なにがいいたいかといえば、「絵（デザイン）と文章」が一緒くたになって成長してきて、先に絵の世界がデザインにつながって発酵し、遅れて、それも何十年も遅れて文章のチカラが発酵して、今にいたってやっと「インテグレート（統合化）」したのが現在の自分のように思います。

だから頭のなかでは常に「言葉とカタチ」が一緒に動いていたんです。

逆にいえば「カタチの言語化」は何かもよく分からないですね。とにかく何もうまく説明できないんです。

――秋田さんご自身も分からないのですね。

自分のカタチを「決めない」ということは大事だと思うんですね。

それから子どもの頃から作文や絵が得意でコンクールに入選するような人は「他の勉強も得意」なことが多くて、そのまま作家や画家には案外ならないような気がします。勝手な推測ですが。

多くの人が、小さい頃から傑出していた成功者を自分の子どもに投影したがる気持ちも分かりますが、もし子どもをそう育てたいならまず親が「大変な思い」をしないと説得できないですね。

少なくともわたしは無理だし、自分のしたいことは自分がして、子どもに託すような気持ちはありませんでした。

大事なことは子どもが「ぼんやりしている様子」を容認することではないかと思います。

漠然とぼんやりとまわりを感じている感性を大切に見守ってほしいですね。わたしの願いです。

自分を「こういう人だ」と決めないほうがよいかと思います。
まずいえば誰もそこに関心がありません。
自分を勝手に不自由にするだけです。

成功するほど
ラクからは遠ざかる。
腰は引かずに
重心を乗せる。

――最後にちょっと返答に困るかもしれない質問ですが、秋田さんにとって「年齢」や「人生」はどういうふうに映っているのか、どう捉えているのかという点に、個人的に興味があります。お伺いしてもよろしいでしょうか。

今お仕事をさせていただいている会社の創業者である会長さんと五年ほど前に会食をした時、こんなことをおっしゃいました。

「アキタさんね。八十歳も近くなったらラクになるかと思っていたけれど、いまだにあんな問題こんな問題と想像もしていなかった問題がどんどん出てきてちっともラクにならないね」

六十年間も一つのことを続けられて立派な会社を一代でつくり上げてもなお「ラクにならない」というお話を伺えたことは、わたしにとっては「とても嬉しい話」でした。

――「嬉しい話」というのは？

なぜならどこまでいってもどんなに社会的に成功しても、それは「解放される」ことを意味しないと分かったようなものだからです。

逆にいえば立場が上がるほどに「ラクからは遠ざかる」というようなものです。

だから「覚悟を決めた」んですね。

もっと苦労も苦心もこれから待っているし、しっかり逃げずに受け止めようと。

急にスキーのたとえをすると、腰が引けると制御が効かずにスピードが出て転倒するけれど、前傾をとってスキー板に重心を乗せればコントロールができて右にも左にも曲がれます。だからデザインにも言葉にもしっかり身を乗せようと思ったんです。

ご質問の答えになったかどうか分かりませんが、つまるところ「年齢も人生もまだ考慮の段階ではない」ということかと思います。

「なるようになる」というのは
「何もしなくていい」ではありません。
ちゃんと努力に応じて
「なるようになります」。

「美味しいトマト」

Twitterのフォロワーが十万人を超えましたが、実はいまだに誰一人もフォローしていません。ゼロ対十万です。いやTwitterに限らずInstagramもnoteもフォローしている人数は少ないんです。Facebookにいたってはお友達の人数そのものが少ない。ある意味「クール」ですが、最大の理由は世間の情報を見ないためです。

わたしにとってSNSは「アウトプット専用」です。デザインの情報も見ないようにしています。しかし面白いのはアウトプットをすると情報は「適度」に入ってくるんですね。水泳のクロールで「息を吐く」という動作の後にファーっと息を吸うような感じでしょうか。まったく「音信不通」の状態にはならないから面白いものです。息が入らないと生きてはいけませんし。

街にはよく出てお店もよく見ているし、メディアで「増幅された情報」ではなくて自分の目と皮膚で感じた情報を優先しているというと聞こえがいいですね。

いつ頃から「街中の仙人」みたいな状態になったかといえば、二〇〇〇年になった時にそれまで毎年買い続けていた海外のデザイン年鑑を買うことを止めてしまったあたりかもしれません。それまで海外の情報をどんどん仕入れていたことがあって、自分のデザインなのか、人のアイディアなのか分からないぐらいに「はまった」経験があります。

それで「これではいけない」と世紀の変わり目にわたしも変わることにしたのです。面白いもので「あればどんどん食べたくなる」けれど「なければないで困らない」ということです。それとインターネットの普及で調べたければすぐに調べられるという環境になったので、あえて「持っている必要性」もなくなったわけです。

トマトの話が一切出ないのが不思議でしょう。それは「あえて痩せた土地にして水も極力与えないようにしたらとても濃厚で美味しいトマトができた」という栽培方法になぞらえたのです。

二〇〇〇年以降のわたしのトマトは濃厚です。

エピローグ

わたしは「隣の芝生が青く見えた」事がありません。
それは日頃の手入れの大変さが分かるからです。

この言葉が、本書の背骨にあると秋田氏から連絡がありました。
「まわりに左右されない」というのは、
周囲を無視して身勝手に振る舞うことではないはずです。

相手の機微を察することで、
摩擦のない関係を築くことができる。

何事にも期待しないことで、
素直な自分でいることができる。

毎日を観察しながら過ごすことで、
日常の美しさに気づくことができる。

それこそ「機嫌のデザイン」ではないでしょうか。

もちろん、いつも「機嫌よく」いることは難しいかもしれません。
誰しも、ときには不安や焦り、怒りを感じることはあるでしょう。

秋田氏との会話のなかで気づいたのは、「自分自身の捉え方」を固定化せずに、余白をもつことの大切さです。

わたしは弱い。
弱さのおかげで人の気持ちが理解できると思っています。

秋田氏がこう語るように、欠点だと思う部分や負の感情でさえ、見方を変えれば「機嫌よく」生きるために必要な素質となる。

本書のなかで
心に残る言葉がひとつでも見つかれば、
きっと毎日が心豊かなものに変わっていくでしょう。

青い芝生を見た時にも、
「自分」と比べることはせず、
「他人」がしている「手入れ」に
思いをめぐらせることができるはずです。

質問に答えてくれる秋田氏は、いつも笑顔でした。

おわりに

世の中には「自分で語ってしまっては身も蓋もない話」というものがあって、今回はその身も蓋も開けてしまったような気もします。

ただ平素わたしはTwitterでもブログでも「余白のデザイン」というか「書いていない部分を読む人に想像して埋めてもらう」ということを常にし続けてきたので、ある意味一般性を持たせるのは難しいかと思っていました。

逆にいえば「埋める行為に喜びを感じる人」が集まっている出版社にわたしの「余白多め」のツイートが目に留まり出版にいたる結果となったので、今の時代は面白い時代だなと思います。

昨年わたしの初めての本『自分に語りかける時も敬語で』（夜間飛行）が出版されましたが、その本もまた「余白のデザイン」というか相当に「語らず想像する本」でした。

同じスタイルを続けるのも芸がないと思い「みんなが知りたいことをインタビューしてもらってそれを文章化するのはどうでしょう」と企画を出して採用されたのがこの『機嫌のデザイン』です。

服装の話のなかでも書きましたが「自分で自分が何者なのか分からない」わけで、みなさんの関心がどこにあるのか正直分からないので、インタビューのスペシャリスト宮本恵理子さんにお願いしてできたのがこの本です。

わたし本人は「秘しておきたいところ」も「聞きたい気持ち」におされて出てしまって正直「なんだか恥ずかしい」部分もありますが、逆にいえば日頃見えないところが分かるかもしれません。そこに価値があれば幸いです。

プロダクトデザイナー
秋田道夫

［著者］

秋田道夫（あきた・みちお）

プロダクトデザイナー・京都芸術大学客員教授。

1953年大阪生まれ。愛知県立芸術大学卒業。

ケンウッド、ソニーで製品デザインを担当。

1988年よりフリーランスとして活動を続ける。

代表作に、省力型フードレスLED車両灯器、LED薄型歩行者灯器、六本木ヒルズ・虎ノ門ヒルズセキュリティゲート、交通系ICカードのチャージ機、一本用ワインセラー、サーモマグコーヒーメーカー、土鍋「do-nabe240」など。

2020年には現在世界一受賞が難しいと言われるGerman Design AwardのGold（最優秀賞）を獲得するなど、受賞多数。

2021年3月よりTwitterで「自分の思ったことや感じたこと」の発信を開始。2022年7月からフォロワーが急増し、10万人を超える。

著書に『自分に語りかける時も敬語で』（夜間飛行）がある。

機嫌のデザイン——まわりに左右されないシンプルな考え方

2023年3月28日　第1刷発行
2024年9月19日　第7刷発行

著　者——秋田道夫
発行所——ダイヤモンド社
〒150-8409　東京都渋谷区神宮前6-12-17
https://www.diamond.co.jp/
電話／03･5778･7233（編集）　03･5778･7240（販売）

ブックデザイン—井上新八
編集協力——宮本恵理子
DTP————RUHIA
校正————鷗来堂
製作進行——ダイヤモンド・グラフィック社
印刷／製本—三松堂
編集担当——林拓馬

ISBN 978-4-478-11732-3